Bernstein

W0073567

# Bernstein

*Jens Grzonkowski*
Edition Ellert & Richter

# Inhalt

# Einleitung

*Folgende Doppelseite: Rohbernstein mit unterschiedlichen Farben und teilweise mit Verwitterungskruste bedeckt. Die Verwitterungskruste des sogenannten Seebernsteins, d. h. Rohbernsteins, der durch einen Sturm oder mit der Flut an den Strand gespült wird, ist durch die ständige Reibung auf Sand und Steinen nur sehr dünn.*

Die Grenzen nach Osteuropa sind wieder offen, der Handel floriert, Bernsteine verschiedenster Größe und Qualität sind für wenig Geld auf Mineralienbörsen und Flohmärkten zu erwerben. Der Kreis der Bernsteinliebhaber wächst ständig, und einige sind stolze Besitzer selbstgefundener Stücke von den Stränden der Nord- und Ostsee.

Zahlreiche Gerüchte kursieren um den Bernstein, und dem interessierten Laien stellen sich viele Fragen nach Echtheit, Qualität, Prüfmethoden und ähnlichem mehr – dieses Buch gibt Antworten. Neben naturwissenschaftlichen Erläuterungen rund um den Bernstein wird auch seine Verwendung und Gestaltung beispielhaft dokumentiert. Zahlreiche Fotos zeigen seine Schönheit und geben einen Eindruck vom Geschmack vergangener Jahrhunderte bis in die Gegenwart.

Anhand der zusammenhängenden Darstellung historischer und moderner Quellen klärt dieses Buch über die wechselvolle Geschichte des Materials auf. Bernsteinliebhabern und Interessierten wird so der Umgang mit diesem faszinierenden Stein erleichtert.

Praktische Hinweise zur Bearbeitung von Bernstein runden die Darstellung ab und geben dem Leser die Möglichkeit, selbst schöpferisch tätig zu werden und so dieses schöne Material auch sinnlich zu erfahren.

*Bernsteinschränkchen, Höhe 36 cm. Die Elfenbeinreliefs in der Mitte der Türen sind auf Ebenholz montiert und bilden so einen ausgewogenen Kontrast zur warmen Farbe des Bernsteins.*

# Die Tränen der Heliaden

Schon den alten Griechen war Bernstein bekannt. Sie
kauften bereits um 600 v. Chr. das fossile Harz von den
Ligurern, einem mächtigen Volk, das zwischen Mar-
seille und dem Gebiet der Etrusker am Golf von Genua
lebte, und benannten das Material nach diesem Volk –
Lyncurium.

Die Herkunft und Bedeutung des Wortes ging jedoch
schnell verloren, und durch mehrere Übersetzungsfehler
in der frühen Antike kannte man Bernstein im Mittelalter als den mystischen Luchsstein, der ein verfestigter
Erdsaft sei oder vom Harn des Luchses stamme.

Danach sollte der männliche Luchs für die dunkelgel-
ben und feurigen Bernsteinqualitäten verantwortlich
sein und der weibliche Luchs für die matteren und mil-
chigen. Die Tiere würden ihren Harn mit einer Erdart
vermengen, und die Exkremente sofort verdecken, weil
sie diese dem Menschen nicht gönnten.

Lange Zeit blieb die Entstehung des Bernsteins im
unklaren. Doch die Gelehrten des klassischen Altertums kamen der Lösung des Rätsels verblüffend nahe
und versuchten, das Geheimnis der hochgeschätzten
Kostbarkeit zu entschlüsseln.

Häufig wird der Bericht des griechischen Dramatikers
Euripides (um 480–407 v. Chr.) angeführt. In seinem
„Hyppolyt" erzählt er zur Entstehung des Bernsteins
den traurigen Mythos von Phaethon und Eridanos:
Phaethon, der Sohn des Sonnengottes Helios, hatte auf
dringendes Bitten hin von seinem Vater den Sonnenwa-
gen erhalten. Der Lenkung des Gespanns unkundig,
kam er bald dem Himmel, bald der Erde zu nahe; Feuer
und Untergang drohten Himmel und Erde. Um beide
zu retten, warf Zeus einen Blitz nach Phaethon, dieser
stürzte aus dem Wagen und fiel in den Fluß Eridanos.
Seine Schwestern, die Heliaden, kamen herbeigeeilt,
beweinten am Fluß ihren toten Bruder und wurden in
Pappeln verwandelt; ihre Tränen erstarrten zu Bernstein. Der römische Lyriker Publius Ovidius Naso,

*Darstellung nach der griechischen Mythologie: Phaethon, der Sohn des Son-*
*nengottes Helios, beherrschte die Lenkung des vierspännigen Sonnenwagens*
*nur mangelhaft und hätte beinahe den Untergang der Welt und des Univer-*
*sums verursacht. Als Phaetons Schwestern seinen Tod beweinten, verwan-*
*delten sich ihre Tränen in Bernstein.*

genannt Ovid (43 v. Chr. – ca. 17 n. Chr.), dichtet über
die Heliaden im zweiten Buch seines Hauptwerks
„Metamorphosen": „… Tränen noch fließen heraus
(aus den Augen der zu Bäumen verwandelten Schwestern des Phaethon) und erstarren vom jungen Gezwei-
ge tropfend am sonnigen Strahle zu Bernstein, welchen
der klare Strom aufnimmt und sendet zum Schmuck
den latinischen Frauen."
Den mythischen Vorstellungen der frühen griechischen
und römischen Dichter über Herkunft und Entstehung
des Bernsteins stehen später die sachlichen Aussagen
des römischen Gelehrten Plinius (23–79 n. Chr.) gegenüber. Sein Werk „Naturalis Historia" erschien um 77
n. Chr. und ist die erste umfassende Enzyklopädie der
Naturwissenschaften des Altertums. Nur mit Mühe
gelingt es ihm, sein Befremden und seine Entrüstung ob
der zahlreichen Fabeleien zu unterdrücken. Er bezwei-
felt die Herkunft des Lyncurium vom Luchs und stellt
Parallelen zu den Eigenschaften des Bernsteins her. Für
schlicht absurd hält er Behauptungen, Bernstein sei das
eingetrocknete und versteinerte Sperma der Elefanten
oder gar der Schweiß von Sonnenstrahlen, die vom
Ozean an Land getrieben wurden.
Etwa 20 Jahre später, nach dem tragischen Ende des
Plinius, schreibt Tacitus (um 55–116) in seinem Werk
„Germania" in Anlehnung an den Obengenannten:
„… daß es sich um ein Baumharz handelt, sieht man
leicht, weil sehr oft allerlei auf der Erde kriechende und
selbst herumfliegende kleine Tiere hindurchschimmern
können, welche von der Flüssigkeit umhüllt sind, und
in der bald fest werdenden Materie eingeschlossen wurden."
Damit war das Rätsel um die Entstehung des Bernsteins
eigentlich gelöst; der chemisch-physikalische Beweis
konnte damals allerdings noch nicht geführt werden.
Doch mit dem zunehmenden Verfall des römischen
Imperiums schwand auch die rationale Denkweise, und

viel Wissen um die bis dahin bekannten Dinge geriet in Vergessenheit. Die Annahme der Alten, daß Bernstein ein Baumharz sei, hielt sich bei den Römern bis ins 6. Jahrhundert; bei den Griechen ist sie noch bis ins 11. Jahrhundert nachweisbar.

Da er häufig an den Stränden der Meere gefunden wurde, hielt man den Bernstein später für eine Ausscheidung des Pottwals, bekannt unter der Bezeichnung *Ambra Alba* oder *Ambra Grisea*. Die Chinesen glaubten, daß die Seele verstorbener Tiger in die Erde eindringe und sich dort in Bernstein verwandele. Im frühen Mittelalter wurde der Bernstein wieder zum Mysterium, und die berühmte christliche Mystikerin Hildegard von Bingen (1098–1179) verbreitete über den Ligurius oder Lyncurius, den Luchsstein, die gleiche Auffassung wie die Griechen etwa 1700 Jahre vorher. Ob die heilkundige Äbtissin allerdings Bernstein meinte, ist fraglich. Forschungen über das Werk der heiligen Hildegard deuten das von ihr als Luchsstein bezeichnete Material als Kristalle des Titanit, die in den Farben gelb, braun und grün bekannt sind.

Mit fortschreitender Zeit wurden Wissen und Geschichten abgewandelt und ausgeschmückt. Noch 1733 konstatiert man in Zedlers „Universallexikon der Wissenschaft und Künste", daß Bernstein sowohl ein Erdharz oder -saft, ein Baumsaft oder eine „dritte von der Fettigkeit der Tiere herrührende" Substanz sei.

# Ein Geheimnis wird entschlüsselt: naturwissenschaftlicher Steckbrief

Einige physikalische Erkenntnisse über den Bernstein gibt es schon seit der Antike. Die negative elektrische Aufladbarkeit und verschiedene optische Eigenschaften wurden bereits von den Griechen und Römern beschrieben.

Durch die Entwicklung neuer chemischer Verfahren versuchten die Gelehrten, ihr Wissen zu erweitern. Im 12. Jahrhundert kannte man bereits das Bernsteinöl als Destillationsprodukt des Bernsteins, 1546 gewann der Mineraloge Georg Agricola reine Bernsteinsäure. Die Untersuchungen des russischen Wissenschaftlers Michail W. Lomonossow bewiesen 1757 schlüssig, daß Bernstein ein fossiles Baumharz ist. Aber erst die zunehmenden Fortschritte der Naturwissenschaften ermöglichten es gegen Ende des 18. Jahrhunderts, Herkunft und Zusammensetzung des Bernsteins im Detail zu klären.

Bernstein galt lange Zeit als Mineral und wurde in den älteren Mineralogien zusammen mit den Mineralien abgehandelt. Erst die rasch aufwärtsstrebende organische Chemie Anfang des 19. Jahrhunderts gab detailliert Auskunft über seine Bestandteile und Zusammensetzung. Die wissenschaftlich-chemische Charakterisierung des Stoffes begann.

1829 konnte Berzelius (1779–1848) nachweisen, daß sich Bernstein in einen löslichen und einen unlöslichen Anteil zerlegen läßt. Ähnlich den rezenten Harzen, d. h. den Harzen von gegenwärtig lebenden Baumarten, besteht Bernstein in seinem komplizierten chemischen Aufbau aus organischen Bestandteilen, in der Hauptsache aus Kohlenstoff, Wasserstoff und Sauerstoff, die in wechselndem Verhältnis miteinander verbunden sind. Auch geringe Mengen Schwefel und Aschenbestandteile sind nachweisbar. Diese Verbindungen sind äußerst widerstandsfähig gegen Lösungsmittel. Alkohol, Terpentinöl, Schwefelkohlenstoff, Leinöl, Äther, Chloroform und Eisessig können nur 25 Prozent der Gesamtsubstanz in Lösung bringen, Benzol und Aceton verflüssigen nur etwa zehn Prozent.

Die Bezeichnung „Bernstein" ist kein wissenschaftlicher Name für eine bestimmte Harzart, sondern eine summarische Bezeichnung für sehr heterogene Harze, die in ihrem chemischen und physikalischen Verhalten differieren. Auch einzelne Stücke einer bestimmten Bernsteinsorte sind nicht homogen und nicht in jeder Beziehung gleichartige Körper.

Bernstein ist ein Stoffwechselprodukt pflanzlichen Ursprungs, ein erhärtetes und mehr oder weniger stark verändertes Harz fossiler Laub- und Nadelbäume. Als Sammelname steht Bernstein für eine Reihe fossiler Harze, die auch in bezug auf ihr geologisches Vorkommen und ihre geographische Verbreitung verschieden sind.

Bernstein – ein fossiles erhärtetes Harz

*Farbe:* hellgelb bis braun, rot, fast farblos, milchigweiß, blau, schwarz, grünlich
*Strichfarbe:* weiß
*Mohshärte:* 2–3
*Spez. Gewicht:* 1,050–1,096, maximal 1,3 g/cm³
*Spaltbarkeit:* keine
*Bruch:* muschelig, spröde
*Kristalle:* amorph (Bernstein bildet keine Kristalle)
*Chemie:* etwa $C_{10} H_{16} O$, nach neueren Untersuchungen von Rottländer enthält Bernstein als Hauptbestandteil di-Abietinsäure $(C_{19} H_{29} COOH)$[2], die sich im Laufe der Jahrmillionen in einen di-Abietinol-Polyester $C_{40} H_{46} O_4$ verwandelt hat.
*Transparenz:* durchsichtig bis undurchsichtig
*Lichtbrechung:* um 1,54
*Doppelbrechung:* keine
*Dispersion:* keine
*Pleochroismus:* fehlt

*Absorption:* nicht auswertbar

*Fluoreszenz:* bläulichweiß bis gelbgrün

*Birmit:* blau

*Elektrizität:* bei Reibung erfolgt negative Aufladung

*Löslichkeit:* unempfindlich gegen Säuren und Alkalien,
nur bedingt löslich in Lösungsmitteln, u. a. in Alkohol
(20–25 %), in Äther (18–23 %), in Aceton (10 %), in
Benzin (10 %)

*Schmelztemperatur:* Die vollständige Verflüssigung ist
abhängig von der Erhitzungsdauer, es sind unterschiedliche Schmelzintervalle gemessen worden, in 65,9 %
der Versuche verflüssigte sich der Bernstein zwischen
360°C und 410°C, der Erweichungspunkt liegt z. T.
erheblich darunter (nach Doelter).

*Brennbarkeit:* Bernstein verbrennt mit aromatischem,
weihrauchähnlichem Geruch.

*Rohbernstein mit Verwitterungskruste. Die mehr oder weniger dicke Kruste entsteht durch Austrocknung der Oberfläche. Polierte Stücke verfärben sich in deutlichere Farbtöne, besonders unter Sonneneinstrahlung. Nach einigen Jahrzehnten bekommt die Oberfläche charakteristische kleine Risse. Man spricht dann vom „Craquelé" der Oberfläche.*

# Der „brennende Stein": zur Etymologie

Eine spezielle Eigenschaft ist verantwortlich für die
Namengebung des Bernsteins: er brennt. Die helle
Flamme rußt etwas und verbreitet einen aromatischen,
nach Harz duftenden Geruch. Die mittelniederdeutsche
Form des Wortes Börnsten, Barnesten oder Bernesten
aus dem 13. Jahrhundert wurde im 14. Jahrhundert
zum althochdeutschen Brennstein. Dieses Wort weist
auf den damaligen Gebrauch des Steins hin.

Abgeleitet von *bernen* = brennen setzte sich aber in der
Mitte des 17. Jahrhunderts die aus dem niederdeut-
schen stammende Bezeichnung Bernstein im hochdeut-
schen Sprachgebrauch durch. Die ältere hochdeutsche
Benennung *Ag-, Agat-* oder *Augstein* verlor bis zum
Anfang des 18. Jahrhunderts völlig an Bedeutung.

Das dänische Wort für Bernstein, *rav,* ist aus dem nordfriesischen *reaf* entstanden, einer Vorform des spät-alt-
nordischen *raf.* Die Herkunft des Wortes *reaf* ist nicht
eindeutig geklärt, jedoch nimmt das Wort Bezug auf die
rötliche oder gelbe Farbe des Bernsteins. Eine Ableitung
daraus ist das dänische Wort *hvalrav,* was eine bern-
steinfarbige Absonderung des Pottwals bezeichnet, die
zu Duftstoffen verarbeitet wurde.

Unterstützt wird diese Möglichkeit der etymologischen
Deutung durch Rückgriff auf den indogermanischen
Wortursprung *erebh*; die Grundbedeutung wäre dann
„der Rote", eine farbliche Beschreibung, die auch auf
Tiere angewendet wurde wie zum Beispiel auf den
Fuchs mit seinem roten Fell.

Auch die alten Griechen und Römer hatten sich bei der
Namengebung für Bernstein an seinen besonderen
Eigenschaften orientiert. Bei den Griechen hieß Bern-
stein Elektron, da er sich bei Reibung elektrisch auf-
lädt. Aus diesem Stammwort entstanden Begriffe wie
Elektrizität und Elektronik.

Verse in Homers „Odyssee" und bei Aristoteles belegen
auch das Wissen um die Nordseeinseln im klassischen
Altertum. Bereits im Jahr 334 v. Chr. reiste der griechi-

Die Bezeichnung „Bernstein" weist in ihrem Wortursprung auf eine typische Eigenschaft dieses
Materials hin: Es brennt mit stark rußender Flamme. „Große Bernsteinstücke werden von den
armen Bewohnern der Nordseeküste als Ersatz für
eine teure Wachskerze oder den Brennstoff für eine
Öllampe verwendet und verbrannt." (Aus einem
Bericht des Pastors Wolff aus Norderdithmarschen
in den Schleswig-Holsteinischen Provinzialberich-
ten von 1788.)

sche Geograph, Mathematiker und Seefahrer Pythas in Richtung Norden, um die sogenannten Elektriden zu besuchen, denn dort gab es den begehrten Elektron, den Anziehungs- oder Glanzstein.

Auch die Römer erkundeten auf ihren Seereisen die Ost- und Nordfriesischen Inseln und die Küste der Halbinsel Jütland bis zur Nordspitze des heutigen Dänemark. Im Jahre 12 v. Chr. betrat Drusus die Insel Borkum. Er berichtet, daß die Einheimischen den Bernstein *Glaer* nannten. Reiche Bernsteinfunde inspirierten die römischen Forscher bei der Namengebung ihres neuen Einflußbereichs: Die Ostfriesischen Inseln erscheinen als *Glaesien* auf den römischen Landkarten. Das Wort „Glas" in heutigem Sinn und Gebrauch ist also scheinbar auf sehr durchsichtigen Bernstein zurückzuführen, den schon die Germanen kannten.

Den Römern ist der Bernstein unter dem Namen *Succinum* bekannt, wörtlich übersetzt *Saftstein*. Plinius verdeutlichte die charakteristische Entstehung der Substanz und andere Eigenschaften. Er schrieb: „Daß er Saft eines Baumes sei, haben sogar schon unsere Väter erkannt und ihn deshalb Saftstein (Succinum) genannt. Daß dieser Baum aber zum Fichtengeschlechte gehöre, zeigt der Fichtengeruch beim Reiben; auch brennt er wie ein Kienspan mit Qualm."

*Succinit* ist der heutige mineralogische Begriff für den Baltischen Bernstein, von dem mehr als 80 unterschiedliche Arten bekannt sind. Charakteristisch für den Succinit ist das Vorhandensein von Bernsteinsäure.

Mit *Pinus succinifera* bezeichnet man seit dem 19. Jahrhundert eine ausgestorbene Kiefernart, die als einer der Hauptharzproduzenten des Baltischen Bernsteins galt. Forschungen von V. Katinas aus Litauen stellen diese Annahme aber seit 1971 in Frage, denn die Zusammensetzung des Harzes der rezenten Zeder *Cedrus atlantica* aus dem Atlasgebirge Nordafrikas ist der des Baltischen Bernsteins sehr ähnlich.

Geologische Untersuchungen von Erdverwerfungen
können Alter und Beschaffenheit der Erdkruste mit
Hilfe moderner wissenschaftlicher Methoden ermitteln.
Bohrungen bis in einige tausend Meter Tiefe bringen
Licht in das Dunkel der erdgeschichtlichen Vergangenheit. Die Untersuchungen der Bohrkerne geben Auskunft über Zusammensetzung und Alter der einzelnen
Schichten. Dabei sind auch fossile Harze, Bernsteine,
entdeckt worden, die oft nur wenige Millimeter groß
sind. Diese geologischen und paläontologischen Spezia-
litäten haben oft ein erheblich höheres Alter als der im
allgemeinen Handel befindliche Bernstein. Seit der Kar-
bonzeit, vor etwa 300 Millionen Jahren, kommen Bernstein oder bernsteinähnliche Harze in fast allen nach-
folgenden erdgeschichtlichen Perioden vor.
Unterschiedliche chemische Bestandteile und regional
begrenzte Fundgebiete geben Hinweise auf Entstehung
oder Umlagerung einzelner Sorten. Paläontologische
Untersuchungen haben mehrere ausgestorbene Baumarten als Harzproduzenten erkannt und nachgewiesen.
Zahlreiche Einschlüsse, Inklusen genannt, lassen eine
Beschreibung von Klima, Flora und Fauna zur Zeit der
Entstehung zu. Sie geben ein regional differenziertes
Bild der Erde vor Menschengedenken wieder.
Schon im 18. Jahrhundert war bekannt, daß Bernstein
auch außerhalb Deutschlands vorkommt, wie bereits
seit 1733 in Johann Heinrich Zedlers Universallexikon
nachzulesen ist. Als Fundorte werden die dänischen
Inseln, Jütland, Schweden, Sizilien und die Provence
genannt.
Vor 50 Jahren war kaum ein Dutzend Bernsteinarten
beschrieben, heute sind mehr als 300 verschiedene
Arten bekannt.
Mit Ausnahme der Antarktis sind fossile Harze auf
allen Kontinenten gefunden worden. Im Rahmen der
Erschließung der Erdteile sind auch winzige Krümel-
chen von wissenschaftlicher Bedeutung. Sie sind wich-

tige Bestandteile in der weiteren Erforschung der Erd-
geschichte. Es ist anzunehmen, daß bei der Suche nach
Bodenschätzen weitere Fundorte bekannt werden. So
förderte man zum Beispiel beim Kohleabbau im Regen-
wald auf Borneo 1992 in Sarawak auch interessante
große Bernsteine zutage.

Arten – Fundorte – Verwendung

*Europa*

Die bekannteste Fundregion Europas ist der baltische
Raum. An den Küsten der Ostsee-Anrainerstaaten kann
man nach Frühjahrs- und Herbststürmen Bernstein an
der Strandkante finden. Besonders an den Küsten
Polens, des Samlands und der baltischen Republiken
sind die Funde reichlich. Die deshalb auch *Baltischer
Bernstein* genannte Art hat ein weites Verbreitungsge-
biet.
Erdbauarbeiten in der Norddeutschen Tiefebene, Sand-
und Kiesabbau bringen immer wieder Bernsteinnester
ans Tageslicht. Selbst an den Ufern der Elbe sind kleine
Stücke zu finden. An der deutschen Nordseeküste liegen nach schweren Stürmen aus westlicher und süd-
westlicher Richtung häufig größere Bernsteinbrocken
am Flutsaum, im Seetang und im Sprockholz. Besonders erwähnt sei hier die Hitzbank vor St. Peter-Ording
auf der Halbinsel Eiderstedt in Schleswig-Holstein.
Geübte Sucher waten schon durch das ablaufende Wasser zur Sandbank, um als erste vor Ort nach dem
„Gold des Meeres" zu suchen. So manches Mal sind
die „Hitzläufer" nicht nach Hause zurückgekehrt, weil
die Suche tragisch endete. Von der rasch steigenden
Flut überrascht, haben einige ihren Eifer mit dem
Leben bezahlt.
Die Halbinsel Skallingen westlich von Esbjerg, die
Inseln Fanö und Römö auf dänischer und die Insel Sylt

Baltischer Bernstein mit Verwitterungskruste. Entfernt man diese durch Schleifen, kommt die innere Farbe des Bernsteins zur Geltung. Eine besonders dicke Verwitterungskruste haben Bernsteinstücke, die auf Ackerboden im Landesinneren gefunden wurden.

auf deutscher Seite gehören auch heute noch zu den reichhaltigen Bernsteinfundgebieten im Nordseeraum. Trotz der Entdeckung vieler neuer Fundorte ist und bleibt bis heute das Samland die ergiebigste Bernsteinregion. Reichliche Strandfunde gab es dort schon immer. Die Bewohner der Strandgemeinden kannten sich mit den dortigen Gegebenheiten aus. Sie fischten die Bernsteinstücke, die nach rauhen Stürmen, verfangen in Tang und Algen, an der Oberfläche trieben. Bei ruhiger See fuhr man „Bernstein stechen". Dabei bedienten sich die Fischer einer langen Stange, mit der sie den Grund abtasteten. Durch das klare Wasser konnte man in die Tiefe blicken, und war das Glück den Männern hold, wurden die großen Stücke mit Hilfe eines Keschers geborgen. Diese Arbeit erforderte viel Geschicklichkeit, war zeitraubend und nicht immer erfolgreich.

Eine neue Arbeitsmethode der Bernsteingewinnung wurde im Jahr 1725 erprobt: das Tauchen nach Bernstein. Auf Vorschlag der königlichen Domänenkammer in Königsberg vom 2. August 1725 stimmte König Friedrich Wilhelm I. von Preußen dem Unternehmen zu, vor Palmnicken nach Bernstein tauchen zu lassen. Dazu wurden drei des Tauchens kundige Männer aus Halle nach Ostpreußen geschickt. Am 12. Oktober 1725 war es endlich soweit: Vor der Küste Palmnickens, in etwa drei bis vier Meter Wassertiefe („nicht mehr als zwei Mann tief"), fanden die Tauchversuche in Anwesenheit eines hohen Regierungsbeamten statt. Doch trotz aller Bemühungen blieb das Unternehmen ohne Erfolg. Ohne Tauchgerät hatten die Männer auf ihren Tauchgängen zwischen dem Atemschöpfen zu wenig Zeit, sich gründlich am Meeresboden umzusehen. Die ertragreichen Bernsteingebiete lagen tiefer unter dem Meeresspiegel, und auch die Wassertemperaturen der Ostsee erschwerten den Tauchern die Arbeit. Die Firma Stantien & Becker erwarb 1869 – meistbie-

*Sehr selten zeigt der Baltische Bernstein Blautöne. Für den bläulichen Schimmer sind nicht blaue Pigmente verantwortlich, sondern Reflexionen und Interferenzen des Lichts an der Oberfläche und/oder im Inneren des Bernsteins.*

tend bei einem öffentlichen Termin – von der königlichen Regierung König Wilhelms I. von Preußen die Lizenz, an der Küste von Groß Dirschkeim und Brüsterort nach Bernstein tauchen zu lassen. Für die Berechtigung, mit 20 Apparaten (Luftpumpen) zu arbeiten, mußte Stantien & Becker pro Arbeitstag 30 Mark bezahlen, wobei eine Mindestarbeitszeit von 120 Tagen vertraglich festgelegt wurde. Das Unternehmen war derart erfolgreich, daß im nächsten Vertrag mit der Regierung nicht nur die Zahl der Tauchapparate auf 50, sondern auch die Abgaben an den König auf 307,50 Mark pro Tag erhöht wurden. 20 Prozent der Staatseinnahmen erhielten die Strandeigentümer als Entschädigung, denn mit Beginn der Taucherei verringerten sich deren Einnahmen aus der Strandlese.

Mit Hilfe von Taucheranzügen gingen als erste Männer aus Frankreich auf dem Grund der Ostsee auf Bernsteinsuche. Später wurden auch einheimische und litauische Männer zu Tauchern ausgebildet und erfolgreich eingesetzt. Am ertragreichsten war das Jahr 1881, als man 14 168 Kilogramm Rohbernstein durch die Taucherei erwirtschaftete.

In dieser Zeit sammelte die Firma Stantien & Becker auch vielversprechende Erfahrungen im Bergbau. 1875 erwarb sie die Lizenz, Bernstein durch Bergbau zu gewinnen. Anfangs förderte man das begehrte Material aus offenen Gruben in Strandnähe. Später, im Zuge der schnell voranschreitenden industriellen Revolution, wurden die Vorkommen im Samland in großen Mengen unter Tage und durch Baggerei erschlossen. Dabei verlor die Bernsteintaucherei immer mehr an Bedeutung, wie die Zahlen des Ministers für Landwirtschaft, Domänen und Forsten in einem 1885 veröffentlichten Bericht an seine Majestät, den Kaiser und König, verdeutlichen. Danach wurden im Jahr 1883 durch Bergbau 88 031 Kilogramm, durch Baggerei 75 546 Kilogramm, und durch Taucherei 2 576 Kilogramm Bern-

*Auf diesem Holzstich, der um 1880 entstand, sind Bernstein-
taucher auf dem Meeresboden vor Brüsterort zu sehen. Mit Hilfe
von Taucheranzügen bewegten sich die Männer auf dem Grund
der Ostsee und suchten nach Rohbernstein. 1881 bargen die Taucher der Firma Stantien & Becker vor der ostpreußischen Küste
mehr als 14 Tonnen des geschätzten fossilen Harzes.*

stein gewonnen. Damit hatte man das 434fache der noch vor 20 Jahren hauptsächlich durch Strandlese, Stechen und Schöpfen eingebrachten Bernsteinmenge erwirtschaftet.

Im Jahre 1913 übernahmen die Bernsteinwerke Königsberg, beauftragt vom preußischen Staat, den gesamten Bernsteinbergbau. Durch die Entwicklung neuer Fördermaschinen, Motoren und leistungsfähiger Pumpen, die den Grundwasserspiegel auf niedrigem Niveau hielten, konnte man den früher nur bedingt ertragreichen Tagebau nun erfolgreich fortsetzen. Dieses Unternehmen wurde 1924 von der Preußischen Bergwerks- und Hütten-Aktien-Gesellschaft, kurz Preussag, übernommen und bis zum Kriegsende 1945 geleitet. Einige der alten Tagebaugruben sind erhalten und in Betrieb, andere sind durch Grundwasser überschwemmt und stillgelegt worden.

In nur 30 bis 40 Meter Tiefe liegt eine bis zu neun Meter starke bernsteinführende Schicht, die *Blaue Erde*. Mit großen Baggern fördert man die Blaue Erde auch heute noch auf ein Sieb und trennt mit einem scharfen Wasserstrahl die Erde vom Bernstein, der auf dem Sieb zurückbleibt.

Diese Lagerstätten liefern eine gleichbleibende Qualität, die besonders für die Schmuckverarbeitung geeignet ist. 90 Prozent der Schmuckbernsteine stammen aus dieser Produktion in Palmnicken. Nach neuesten Schätzungen reichen die Vorkommen der ungefähr 35 bis 55 Millionen Jahre alten Bernsteinart bis weit ins nächste Jahrtausend.

Auch in Polen gibt es große Mengen Baltischen Bernsteins, der aber nicht in der Blauen Erde liegt, sondern auf jüngeren Sedimenten. Viele der etwa 650 bekannten Fundstellen, von denen einige weit im Landesinneren liegen, haben große wissenschaftliche und wirtschaftliche Bedeutung. Schon in der Jungsteinzeit waren die Bernsteinvorkommen im Weichseltal bekannt, dort gab

Bernsteinfischer durchpflügen mit
großen Keschern an langen Stielen
am Strand von Klein-Kuhren im
Samland die aufgewühlte Brandung
der Ostsee auf der Suche nach Bernstein. Das Foto entstand 1936
(oben).
Die Bernsteingewinnung in der
Umgebung Palmnickens in Ostpreußen, wie hier um 1920, erfolgt berg-
männisch im Tagebau. Dabei werden
bis heute riesige Bagger eingesetzt.
Aus dieser Förderung kommt die
Hauptmenge des in Europa verarbeiteten Bernsteins (rechts).

es ungefähr 800 Bernsteinwerkstätten. Aus den bis heute größten Abbaugebieten Polens im Delta der Weichselmündung und in den Weichselniederungen gewinnt man acht bis zehn Tonnen jährlich mit hydraulischen Methoden. Bernstein wird aber nicht nur in Küstennähe gefördert.

Seit 1669 ist der *Sächsische* oder *Bitterfelder Bernstein* bekannt. Die Bernsteinlagerstätten dieser Region waren lange Zeit vergessen und sind erst seit den siebziger Jahren des 20. Jahrhunderts wiederentdeckt und genutzt worden. Das Fundgebiet ist ergiebig, und bis zu 50 Tonnen Bernstein konnten jährlich gefördert werden. Der Abbau erfolgt mit Hilfe von Schwimmbaggern. Die geförderten Bernsteine stammen aus dem Eozän, denn die eingeschlossene Flora und Fauna ist mit der des Baltischen Bernsteins identisch. Neben zahlreichen wissenschaftlich interessanten Inklusen läßt sich der Bernstein aus Bitterfeld dank hoher Qualität und einer breiten Farbpalette gut zu Schmuck verarbeiten.

In einer Braunkohlengrube der „Braunschweigischen Kohlenbergwerke" bei Helmstedt in Niedersachsen wurden 1986 einige seltene Bernsteinstücke entdeckt. Die Stücke sind offenbar an ihrem Fundort entstanden und eingebettet worden und haben ein Alter von 40 bis 50 Millionen Jahren. Besonders auffällig sind Sprödigkeit und Porosität. Einige Objekte sind so leicht, daß sie zunächst in Wasser schwimmen, bis sie vollgesogen sind, und dann zu Boden sinken. Das breite Farbenspektrum beinhaltet auch seltene Bernsteinfarbvarianten wie reinweiß und bläulich. Eine besondere Seltenheit dieser Funde sind die an einigen Stücken anhaftende fossile Baumrinde und das „Affenhaar", eine geronnene pflanzliche, milchähnliche Flüssigkeit. Diese Bernsteine sind nicht mit dem Baltischen Bernstein verwandt, weil jener erst später, durch eiszeitliche Umlagerungen, nach Niedersachsen transportiert wurde.

*Bernsteinverarbeitung vor dem Ersten Weltkrieg: Im Bernsteinwerk Palmnicken werden die gewonnenen Bernsteine an Heimarbeiterinnen ausgegeben (oben). Unten sieht man Arbeiter des gleichen Werks beim Schleifen von Rohbernstein für die Schmuckproduktion.*

Aus Frankreich sind Bernsteinfunde seit 1892 bekannt. 1973 und 1975 fand man im Nordwesten Frankreichs bei Durtal und im Südwesten bei Fouras paläontologisch interessantes Material aus der mittleren Kreidezeit von ungefähr zwei Kilogramm Gewicht. Zahlreiche Inklusen und sein Alter von 100 Millionen Jahren sind bei diesem Bernstein besonders interessant.

Die ältesten österreichischen Bernsteine sind vor 225 bis 231 Millionen Jahren entstanden, die jüngsten sind erst sechs bis neun Millionen Jahre alt. Bis auf die Vorkommen bei Golling handelt es sich hierbei stets um geringe Fundmengen oder um Einzelfunde. Die beträchtlichen Altersunterschiede, die Vielfalt der chemischen Zusammensetzungen und die Farbpalette, von schwarz über hyazinthrot bis zu honiggelb und lichtgrün, lassen den österreichischen Bernstein trotz weniger Inklusenfunde interessant erscheinen.

In der Schweiz, hauptsächlich am Nordrand der Alpen, sind 55 Millionen Jahre alte Bernsteine entdeckt worden; ältere fossile Harze haben ein Alter von etwa 200 Millionen Jahren. Die Fundmengen sind klein und beinhalten nur wenige Inklusen. In Italien gibt es mehrere Vorkommen, von denen der *Sizilianische Bernstein* am bekanntesten ist. Er ist leuchtend rot und wird an der Mündung des Simento in das Mittelmeer, bei Catania, an den Strand gespült. Der Bernstein ist etwa zehn bis 20 Millionen Jahre alt und enthält nicht selten Insekten als Einschluß. Es ist gut möglich, daß schon die Griechen diese Bernsteinart kannten. Goethe rühmte auf seiner Italienreise 1787 die schöne Farbe dieses Bernsteins, die „bis zum schönsten Hyazinthrot hinansteigt".

Weitere Fundorte in Europa liegen in Tschechien, Ungarn, Rumänien, Bulgarien und der Ukraine.

*Kette aus afrikanischem Preß-„bernstein". Statt fossilem Bernstein wurde
eine afrikanische Kopalart gepreßt und zu großen Perlen verarbeitet. Dieses
Material ist auch unter dem Namen „Afrikabernstein" im Handel.*

## Afrika

Die Küstenländer Ost- und Westafrikas sind bekannt
für ihre Riesenmengen erstarrten Harzes, *Kopal*
genannt. Fossiles Harz mit Bernsteineigenschaften ist
bisher nur aus Nigeria bekannt und ist etwa 60 Millionen Jahre alt.

## Amerika

Mit Ausnahme von Südamerika gibt es mehrere Bern-
steinfundorte auf dem amerikanischen Kontinent. Die
Fundstellen Nordamerikas haben zwar keine kommer-
zielle Bedeutung wie die des Baltikums, sind aber wissenschaftlich wegen ihres geologisch hohen Alters und
der eingeschlossenen Fauna sehr wertvoll. In Kanada
kennt man Bernstein mit einem Alter von 70 bis 95
Millionen Jahren. Etwa 50 Fundorte sind dort bekannt,
von denen die größte Region am Cedar Lake, Manito-
ba, liegt. Dort sammelten schon die Cree-Indianer
Bernstein von den Ufern des Sees. Die Bernsteinfunde
der USA wurden von der Nordküste Alaskas bis nach
Kalifornien und von der Pazifikküste bis zum Atlantik
lokalisiert. Das Alter der Funde liegt zwischen 124 bis
70 Millionen Jahren. Im Yukondelta Alaskas wurden
bereits 1870 auch erheblich jüngere Bernsteine, etwa
zwei Millionen Jahre alt, gefunden.
Auch den mittelamerikanischen Indianern Mexikos ist
Bernstein nicht unbekannt. In Pyramidengräbern prä-
kolumbianischer Zeit fanden Archäologen kunstvoll
gefertigte Gegenstände und Schmuckstücke aus Gold,
Jade, Gagagt und Bernstein. Größe und Formen einzelner Funde und ein Vergleich anhand historischer Skulpturen lassen auf die Verwendung als Ohrschmuck für
die durchbohrten und stark geweiteten Ohrläppchen
schließen. Seit 1952, nach der zufälligen Wiederent-
deckung wissenschaftlicher Berichte vom Anfang und

*Dieser Dominikanische Bernstein zeigt eine intensive blaue Farb-*
*variante. Blaue Bernsteine sind auch bei Funden aus den Minen*
*des karibischen Inselstaats selten. Die Förderung der Bernsteine*
*erfolgt in mühsamer Handarbeit aus kleinen offenen Gruben im*
*Inselinneren.*

aus der Mitte des 20. Jahrhunderts wird der Bernstein des mexikanischen Bundesstaats Chiapas intensiv erforscht. Das Alter wird auf 25 bis 35 Millionen Jahre geschätzt. Die größten Stücke erreichen den Umfang einer Pampelmuse. Die Vorkommen haben regionale Bedeutung und werden mit einfachsten Mitteln ausgebeutet und von den Bernsteinsuchern und ihren Familien zu kleinen Schmuckstücken und Skulpturen verarbeitet.

Seit 1990 sind mehrere Bernsteinlagerstätten in Nicaragua entdeckt worden. Dieses Material ist von klargelber Farbe, gelegentlich auch rot und ungefähr 20 Millionen Jahre alt. Als die Sensation des 20. Jahrhunderts auf dem Bernsteinsektor gelten die Funde des dominikanischen Bernsteins auf der karibischen Insel Hispaniola. Das bernsteinhaltige Gebiet ist etwa 1000 Quadratkilometer groß. Hier fördern die Bernsteinsucher aus Gruben und Stollen im Handbetrieb zwei bis fünf Tonnen Material jährlich. Dieser Bernstein ist *die* Fossilfalle des erdgeschichtlichen Tertiärs. Hier sind Inklusen von 20 Tiergruppen, die fossil aus Bernstein nicht bekannt waren, zum Teil in voller Größe erhalten geblieben. Zu den berühmtesten Funden dürften die Einschlüsse einiger Laubfröschchen, eines Skorpions und zwei Einschlüsse von Kugelfingergeckos zählen. Als größter „Massenfang" ist ein Stück mit über 2000 Ameisen derselben Art bekannt. Dominikanischer Bernstein bietet die absolut größte Menge an Fossilien unter allen bekannten Bernsteinen. Die Vorkommen wurden seit langer Zeit genutzt. Bereits Kolumbus bekam von den Taino-Indianern Bernstein geschenkt. 1939 berichtete W. Lengweiler nach mineralogischen Untersuchungen in der Dominikanischen Republik von bernsteinverarbeitenden Werkstätten und von den Düften, die beim Verbrennen von Bernstein zur Beleuchtung der Hütten der einheimischen Bevölkerung entstanden.

Der dominikanische Bernstein ist nur bedingt zu
Schmuck zu verarbeiten, weil er spröde ist und schnell
altert, d. h. die polierte Oberfläche dunkelt schnell
nach und bekommt feine Verwitterungsrisse. Er ist häufig klar und übertrifft an Farbenvielfalt alle anderen
fossilen Harze. Im Gegensatz zum Baltischen Bernstein
weisen die dominikanischen Funde oft einen kräftigen
Grünton und einen Ocker-Braunton auf. Besonders
attraktiv sind blaue, rote und schwarze Varianten. Die
außergewöhnliche Qualität und Quantität der Inklusen
und die reiche Farbpalette ließen den dominikanischen
Bernstein aber auch als suspekt erscheinen. Bis in die
siebziger Jahre waren die Juweliere der Meinung, daß
Bernstein nur aus Ostpreußen kommen könne. Andere,
bessere Qualitäten gäbe es nicht, schon gar nicht blaue
Bernsteine. Die Bernsteinhändler wurden zum Teil
offen des Betrugs verdächtigt, und ihnen wurde mit
polizeilicher Anzeige gedroht, wenn sie weiterhin domi-
nikanisches Material als Bernstein verkaufen würden.
Zahlreiche Ausstellungen des „Museums am Löwen-
tor" in Stuttgart und die von Schlee und Glöckner veröffentlichten wissenschaftlichen Untersuchungen, die
auch den Fachzeitschriften und Weiterbildungsinstitu-
ten des Schmuckhandels zur Verfügung standen, ver-
sachlichten die Diskussion um den dominikanischen
Bernstein.

*Asien*

Im Vorderen Orient wurde Libanonbernstein schon
1878 gefunden und ist 130 bis 135 Millionen Jahre alt.
Seine Inklusen geben Auskunft über die frühen Entwicklungsstadien der Insekten. Von großer wissenschaftlicher Bedeutung ist der Fund einer „modernen"
zweiteiligen Vogelfeder. Mit einem Alter von 130 Millionen Jahren ist die Feder fast so alt wie der Fund des
Urvogels Archäopteryx aus dem oberen Jura bei Eich-

stätt in Bayern. Eine frühe Phase in der Evolution der Vögel ist nun nachvollziehbar. Die fliegenden Tiere hatten bis dahin nur Hautlappen zwischen den Zehen und sahen den Fledermäusen ähnlich. Die Bernsteinfunde Israels bilden die Fortsetzung der libanesischen Vorkommen nach Süden.

Jordanischer Bernstein ist circa 120 Millionen Jahre alt. Es handelt sich dabei um Ablagerungen eines Küstenwaldes am Rande der arabischen Halbinsel und des afrikanischen Kontinents.

Abgesehen von Bernsteinfunden in Kasachstan, Aserbaidschan und im Ural ist der sibirische Bernstein besonders zahlreich und paläontologisch interessant. Die Fundstellen werden schon 1755 in der russischen Literatur erwähnt und liegen in ganz Sibirien verteilt. Die einheimische Bevölkerung benutzt den Bernstein als Räucherkerzen und als Weihrauch. Nur kleine Mengen sind für Schmuckzwecke geeignet.

Bernstein chinesischer Herkunft kommt aus der Mandschurei. Dort in Fuschun, nordöstlich von Mukden, werden gelbe, meist braune undurchsichtige elliptische „Bernsteinknollen" in den Kohleflözen der Region gefunden. Mit etwa 50 Millionen Jahren werden sie dem Alttertiär zugeschrieben und zu Schmuck und kleinen Gegenständen wie Zigarettenspitzen verarbeitet.

Bernstein aus Birma wird schon seit dem 18. Jahrhundert von den Chinesen zu Schmuck und Gebrauchsgegenständen verarbeitet. Die Stücke sind 50 Millionen Jahre alt, meist klar und durchsichtig und von dunkler Sherryfarbe. Die Förderung wurde eingestellt.

Auch aus Indonesien, Java und von der philippinischen Insel Sumatra sind Bernsteinfunde gemeldet. Besonders aufsehenerregende Riesenbernsteine entdeckte man 1987 bis 1991 auf Borneo; diese sogenannten *Dammar*-Bernsteine sind etwa 20 Millionen Jahre alt.

Bernsteinfunde in Japan sind seit 1891 dokumentiert worden. Die abbauwürdigen Stellen auf der Hauptinsel um die Stadt Kuji werden seit Beginn des 20. Jahrhunderts industriell genutzt. Die Gesamtförderung in 20 Minen betrug zeitweise 350 Tonnen pro Jahr. Dabei fand man auch verschiedene Riesenbrocken mit bis zu 60 Kilogramm Gewicht. Der Kuji-Bernstein ist leicht getrübt und gelborange bis bräunlich. Auf anderen Inseln Japans gibt es noch eine Vielzahl weiterer interessanter Bernsteinfundstellen. Das Alter der Funde wird auf 100 bis 110 Millionen Jahre datiert.

*Australien*

In Neuseeland kommt Bernstein in den Kohlegruben der Südinsel vor. Das Alter liegt zwischen 20 bis 60 Millionen Jahren, teilweise aber mit 70 bis 100 Millionen Jahren auch erheblich darüber. Besonders auffällig sind große Brocken von 1,5 bis drei Kilogramm Gewicht.

# Die Entstehung des Baltischen Bernsteins

Der Baltische Bernstein entstand im erdgeschichtlich jungen Tertiär. Wissenschaftlich gesehen ist damit ein Zeitraum von etwa 65 bis 70 Millionen Jahren zusammengefaßt. Die Entstehung der Bernsteinwälder fällt in den Abschnitt des Eozäns, das vor etwa 55 Millionen Jahren einsetzte und vor etwa 35 Millionen Jahren vom Unteroligozän abgelöst wurde. Zum Vergleich: Das Quartär, das die Eiszeiten und die erdgeschichtliche Jetzt-Zeit bis heute umfaßt, begann vor nur zwei Millionen Jahren und schließt sich der jüngsten Periode, dem Tertiär, an.

Damals, vor 50 Millionen Jahren, gab es die Ostsee noch nicht. Norwegen, Schweden und Finnland waren Kern eines großen zusammenhängenden Festlandes. Hier herrschte ein subtropisches Klima mit 20 Grad Celsius Durchschnittstemperatur. In höher gelegenen Gebieten waren die Temperaturen gemäßigt. In 15 bis 20 Millionen Jahren entstanden dichte Kiefernwälder, Mischwälder und regenwaldartige Regionen an den Küsten des Meeres. Harzeinschlüsse weniger Bienen weisen auf das Vorkommen von Blütenpflanzen hin.

In dieser Landschaft war die heute ausgestorbene Bernsteinkiefer, lateinisch als *Pinus succinifera* bezeichnet, heimisch. Der botanische Oberbegriff für alle Kiefernarten lautet *Pinus*. In *Succinifera* steckt das Wort *Succus* – Saft. Zusammengenommen geben die Worte einen Hinweis auf eine spezielle Eigenschaft der Bäume: Diese frühe Kiefernart saftete, d. h. harzte sehr stark. Der Baltische Bernstein wird deshalb auch *Succinit* genannt.

Das Harzen der Nadelbäume bei Verletzungen ist ein noch heute zu beobachtendes Phänomen. 20 Millionen Jahre lang fiel das Harz von den Bäumen auf den Waldboden. Die Autoren Conwentz und Bölsche veröffentlichten in den Jahren 1886–1896 bzw. 1927–1935 die Annahmen, daß Orkane, Blitzschläge und Brände sowie starker Schädlingsbefall holzzerstörender Insek-

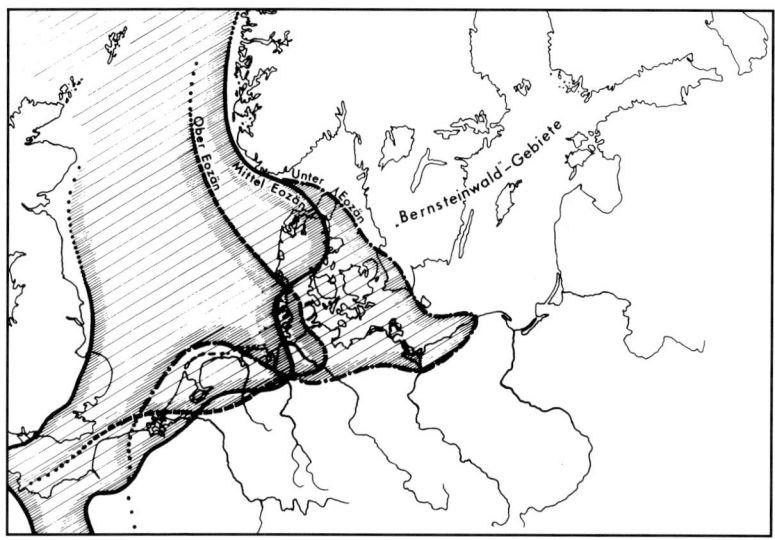

Vor 55 bis 35 Millionen Jahren, während des Eozäns, drang das Meer immer weiter in die „Bernsteinwald-Gebiete" Fennoskandiaviens vor. Auf der Landfläche von Südschweden bis Südfinnland herrschte ein subtropisches Klima, die Ostsee entstand erst während der letzten Eiszeiten.

*Folgende Doppelseite: Nach Stürmen von der Seeseite her sind besonders am Strand der Samlandküste, die auch „Bernsteinküste" genannt wird, noch viele Stücke des fossilen Harzes zu finden. Um an die etwa 35 Meter tief unter dem Meeresspiegel liegende bernsteinführende Schicht der Blauen Erde zu gelangen, müssen riesige Mengen Sand und Gestein bewegt werden.*

ten und eine daraus resultierende Baumkrankheit, die *Succinose*, die Vernichtung der Bernsteinwälder herbeigeführt haben könnten. Nach Berechnungen von Conwentz und Bölsche dürften weit über eine Million Tonnen Bernstein aus Verletzungen der Bäume entstanden sein. Grundwasserversalzung, großräumige Klimaveränderungen und das Ansteigen des Meeresspiegels besiegelten das Schicksal des Bernsteinwaldes. Wellen und Meeresströmungen bereiteten den überfluteten Waldboden auf, spülten das alternde Harz heraus und lagerten es an neuen Stellen ab. Eine besonders starke Strömung transportierte große Mengen Bernstein in eine Bucht, die sich von der Samlandküste bis westlich von Danzig erstreckt. Nach neuen Hypothesen von Barbara Kosmowska-Ceranowicz entstand diese bis heute größte erschlossene Bernsteinlagerstätte vor 40 Millionen Jahren. An der Mündung eines fiktiven Bernsteinflusses, der von Nordosten her durch das Gebiet der Bernsteinwälder strömte, entstand ein Delta, das in die Nordgrenze des Ober-Eozän-Meeres mündete. Dort, in den seichten Zonen des Übergangs, setzte sich der Bernstein in den tonigen Sedimenten ab, die sich später zur Blauen Erde verdichteten. Die gesamten Bernsteinfunde Nordeuropas sind auf diese ergiebige Lagerstätte im Ostbaltikum zurückzuführen. Hierzu gehören die Funde an der Ostküste Englands ebenso wie die in den Wattenmeeren Jütlands und an der deutschen Nordseeküste, die Funde in den Kiesgruben der Norddeutschen Tiefebene sowie die im gesamten Baltikum, im besonderen natürlich entlang der „Bernsteinküste".

Die Verbreitungs- und Fundgebiete des Baltischen Bernsteins sind eng mit den eiszeitlichen Verschiebungen und Ablagerungen verbunden. Deshalb sind Funde auch in großer Entfernung vom Meer keine Seltenheit. Anhand der eingeschlossenen Fossilien wird der Baltische Bernstein von Paläontologen dem Unteroligozän

② **Erklärung der Schichten:**

**Geschiebe-mergel**
*aus der Eiszeit*

**Jüng. Tertiär**
*Zeit der Braun-kohlen - Bildung*

*Besteht aus Sand und Tonschichten stellenw.ᵉ Braun-kohlen führend.*

**Ält. Tertiär**
*Die oberen Schich-ten sind Grünerde und durch Braun-eisen verkittete Sande. (Krant)*
*Blaue Erde mit Bernstein*

*Wilde Erde*

**Schematischer Durchschnitt durch die Bernsteinküste.**
( Nach einer Darstellung in den Bernsteinwerken.)

Schnitt durch die Erdformationen des Samlands. In der „Blauen Erde" liegt das Hauptvorkommen des Bernsteins verborgen. Die Blaue Erde ist ein toni-ges Sediment, das sich in den ruhigen Zonen eines alten Meeres ablagerte. Bis zu einem Kilogramm Bernstein pro Tonne enthält diese bis zu neun Meter mächtige Schicht.

zugerechnet, was einem absoluten Alter von etwa 35 Millionen Jahren entspricht. Die Geologen sind sich einig, daß der Bernstein in der marinen Blauen Erde bereits in sekundärer Lagerstätte liegt. Daraus folgt, daß der Stein selbst älter ist als die Ablagerungen, wo er gefunden wurde. Aus seiner ältesten Lagerstätte ist der Bernstein nachfolgend vielfach weiter transportiert worden, so daß man ihn in fast allen jüngeren Ablagerungen finden kann.

Vor etwa zwei Millionen Jahren fand abermals eine Verschiebung der klimatischen Bedingungen statt, die dramatische geographische Veränderungen zur Folge hatte. Im Pleistozän, innerhalb der letzten Million Jahre, vollzogen sich die größten Umlagerungen des Baltischen Bernsteins. Die Grenzen des Bernstein-Verbreitungsgebiets entsprechen nahezu exakt den eiszeitlichen Ablagerungen. Drei folgende Eiszeiten hobelten mit ihren gewaltigen Inlandeisgletschern von Norden her das Ostseebett aus und erfaßten neben den tertiären Schichten mit den Bernsteinablagerungen sogar die 100 Millionen Jahre alten Ablagerungen aus der Kreidezeit mit ihrem Feuersteinreichtum. Erdschollen, große Steine, Gesteins-, Sand- und Schuttmassen verschob das Eis bis ins norddeutsche Flachland und nach Dänemark. Diese Massen blieben als Moränenzüge liegen, zum Beispiel im heutigen Schleswig-Holstein und Mecklenburg-Vorpommern. Beim zwischeneiszeitlichen Abtauen des Eises transportierten Schmelzwasserbäche Teile des spezifisch leichteren Bernsteins in unterschiedlichen Mengen und schwemmten ihn zurück ins Meer, wo sich neue Ansammlungen auf dem Meeresboden der Ostsee, und vor allem durch Transport im Urstromtal der Elbe, auch in der Nordsee bildeten. Die Bernsteinfunde an den Stränden der Nord- und Ostsee stammen aus Lagerstätten, die sich im Holozän bildeten. Zusammenfassend läßt sich sagen, daß sich bis auf wenige Ausnahmen die Bernsteinlagerstätten in mari-

nen Sedimenten befinden. Nur in seltenen Fällen entdeckt man Bernstein in fossilem Waldboden. Bis zu
sechs Umlagerungen sind möglich. So ist es denkbar,
daß zwei Bernsteine, die zusammen am Spülsaum des
Strandes gefunden werden, sowohl einen jeweils eige-
nen Transportweg wie auch damit zusammenhängend
eine unterschiedliche Anzahl Umlagerungen erfahren
haben.

Zur Zeit gibt es keine Möglichkeit, am Bernstein selbst
eine physikalische oder chemische Altersbestimmung
durchzuführen. Nur über den Weg der Bestimmung des
Sedimentes als Lagerstätte kann ein Mindestalter ermit-
telt werden.

# Wie kommt die Mücke in den Bernstein?

Besonders interessant für Fachleute und Laien sind
Bernsteine mit Einschlüssen, den sogenannten Inklusen.
Wie mit einem Blick durch Millionen von Jahren in die
Vergangenheit präsentieren sich die im erstarrten Harz
konservierten Lebensformen der Urwelt. Viele verschiedene Gliederfüßler, vereinzelte Funde von Krustentie-
ren, Schnecken, Vogelfedern, Haaren von Säugetieren
und seltene Inklusen aus der Pflanzenwelt geben eine
Vorstellung vom Leben und von der Umwelt der bern-
steinliefernden Wälder. Einschlüsse von Wassertropfen
und Luftblasen erweitern die Kenntnisse der Paläontologie über die damalige Welt.
Heute sind etwa 200 Pflanzenarten aus dem Baltischen
Bernstein bekannt. Neben niederen Pflanzen wie
Schimmelpilzen, Moosen und Flechten kennt man
allein 13 Kiefernarten sowie mehrere Lärchen-, Fich-
ten- und Tannenarten. Damals gab es Palmen, Zypres-
sengewächse, Eiben, Araukarien und Vorformen euro-
päischer Laubbäume, am häufigsten Eichen. Aus der
Welt der Tiere sind über 3000 eigene Arten bekannt.
Häufig sind sogar alle Entwicklungsstadien wirbelloser
Tiere, wie z. B. Eier, Raupen, Larven und die ausge-
wachsenen Tiere, gefunden worden. Über 50 Prozent
der Inklusen sind Fliegen und Mücken. Es wurden Li-
bellen, Stechmücken, Ohrwürmer, Tausendfüßler, Ter-
miten, Flöhe, Heuschrecken, Zikaden, Asseln, Würmer
und über 200 Spinnenarten registriert. Einige dieser Arten bevölkern unseren Planeten unverändert bis heute.
Trotz relativer Artenvielfalt sind Inklusenfunde selten.
Nur etwa jedes fünfhundertste Bernsteinstück hat einen
Einschluß, wobei in den Funden oft nur Fragmente vor-
liegen. Häufig liegen die Einschlüsse dicht unter der
Oberfläche des Bernsteins und sind durch Beschädigun-
gen unvollständig erhalten. Für den Bernsteinliebhaber,
den Inklusensammler und die Wissenschaft sind daher
die Stücke mit vollständig erhaltenen Zeugnissen frühen Lebens besonders wertvoll. Von den Goldschmie-

*Einschlüsse im Bernstein, sogenannte Inklusen, werden nur selten gefunden, und von den eingeschlossenen Pflanzen oder Tieren sind häufig nur Bruchstücke erhalten. Solche vollständigen Inklusen wie die hier abgebildete Fliege gelten daher bei Sammlern, Schmuckherstellern und Forschern als äußerst wertvoll.*

den werden diese seltenen „Steine" wegen ihres einzigartigen ästhetischen Reizes bevorzugt zu kostbarem Schmuck verarbeitet.

Wie die Inklusen in den Bernstein kamen, können wir auch in unseren Tagen durch Beobachtung nachvollziehen. Besonders an verletzten Stellen der Nadelbäume tritt ein klebriger Saft aus, um die Wunde gegen Umwelteinflüsse zu schützen. Ist das Harz noch flüssig, bleiben dort kleine Lebewesen und umherfliegende Blüten, Blätter usw. wie an einem Fliegenfänger kleben. Drei Voraussetzungen müssen erfüllt sein, damit das Harz zu Bernstein und das Insekt zur Inkluse wird:

1. Das eingeschlossene Insekt muß so lange formstabil bleiben, bis das Harz erhärtet ist.

2. Das Harz darf dabei nicht schrumpfen und auch nicht durch später auflastende Gesteine beansprucht werden.

3. Das Harz muß durch Sonneneinstrahlung oder Hitzeeinwirkung auf natürliche Weise geklärt werden.

Sind die Tierchen von nachfließendem Harz umschlossen, beginnt der Abbau der Weichteile in seinem Körperinneren. Zersetzbare Substanzen wie Muskeln, Drüsen und besonders die Körperflüssigkeit treten dabei durch Mund, After und vor allem durch die Körperwandung aus. Die Umgebung der Inklusen ist deshalb häufig milchig-trübe, sie kann aber auch natürlich geklärt sein. Mit beginnender Zersetzung der Weichteile setzt bereits die Erhärtung des Harzes ein. Sind diese Prozesse beendet, und ist das Harz im Waldboden eingebettet, so wird nach Jahrmillionen das Harz zu Bernstein und das Insekt zur Inkluse.

Durch chemische Veränderungen fand aber keine plastische Versteinerung statt, sondern die organische Substanz der eingeschlossenen Körper zerfiel. Zurück blieb ein Hohlraum, an dessen Oberfläche die Überbleibsel der Chitinhülle, eingekohlte Gewebe und Organe in einer dünnen Schicht haften.

*Ein Spinnennest, eingeschlossen in Bernstein. Deutlich sind Kokon und Eier zu unterscheiden. Das durch Verletzungen aus den Bäumen tropfende Harz war sehr flüssig und wurde deshalb nur kleinen Insekten zum Verhängnis. Größere Lebewesen waren durchaus in der Lage, sich aus dem klebrigen Saft zu befreien.*

Inklusen waren schon den alten Römern bekannt. Damals wie heute haben sich Menschen darauf verstanden, Fälschungen herzustellen. Plinius, Tacitus und Martial überlieferten das Wissen um eingeschlossene Ameisen und Mücken. Das Vorkommen von Schlangen, Eidechsen, Fröschen und Fischen im Bernstein wurde als Betrug entlarvt. Die Fälscher höhlten dazu zwei gleichfarbige Bernsteinstücke aus, legten die Objekte hinein und füllten die Zwischenräume mit Harz aus. Beide Ränder wurden mit Ätzkali bestrichen, erwärmt und zusammengefügt. Die „Naht" oder den Rand solcher Stücke verdeckten besonders kunstvolle Verzierungen aus Tombak, um den Betrug zu verbergen. Bei Verdachtsmomenten prüfte man, ob die Bernsteine in siedendem Wasser oder in Weingeist in zwei Teile zerfielen. Auf Streifzügen über Flohmärkte kann man auch heute mehr oder weniger gut gefälschte Inklusen finden. Besonders auffällig sind „Ameiseninklusen", die nur kurz unter der Oberfläche ihr Dasein fristen. Wenn diese mit Hilfe eines Bohrers, einer Pinzette und moderner Klebstoffe fabrizierten Falsifikate nach einigem Handeln nur noch zehn Mark kosten und der Karton, aus dem das gute Stück dem Liebhaber angeboten wird, noch weitere der gleichen Farbe enthält, handelt es sich mit Sicherheit um den Versuch einer Täuschung. Der Blick durch eine Lupe mit zehnfacher Vergrößerung hat bei den Anbietern oft eine schreckhafte Reaktion zur Folge, zumal der geneigte Laie anführen kann, daß eine angeschliffene Inkluse zwar einen Hohlraum freigibt, auf keinen Fall aber als weicher Körper im Bernstein erhalten geblieben ist. Da die Insekten-Fauna sich seit dem Tertiär praktisch kaum verändert hat und zum Teil bis heute identische Gattungen bestehen, sind gute Fälschungen nur schwer zu erkennen. Mit Hilfe eines starken Mikroskops und mit dem Salzwassertest können paläontologische Experten Fälschungen identifizieren. Inklusenfälschungen sinken in Salzwasser zu

*Aus einem Bernstein mit drei Daunenfedern ist hier ein ca. fünf Millimeter langer Ausschnitt abgebildet, der die vielen Einzelheiten des Federaufbaus gut erkennen läßt. Federn sind seltene Inklusen.*

Boden. Selbst gute Inklusenfälschungen in Schlauben-
steinen lassen sich an deren Fließgrenzen mit Hilfe
eines Elektronenmikroskops entlarven.

Seit Steven Spielbergs Filmerfolg „Jurassic Park" wird
die Frage nach dem Klonen von Sauriern aus dem Blut
von Inklusen besonders von Kindern und deren Eltern
intensiv erörtert. Aus fossilen Organismen lassen sich
tatsächlich noch Bruchstücke der Erbsubstanz gewinnen. Dies gelang zum Beispiel an einem in Bernstein
konservierten 130 Millionen Jahre alten Käfer. Ameri-
kanische Forscher sind 1993 auf mögliche Blutspuren
in den Knochen eines Tyrannosaurus Rex gestoßen.

Aus Blut läßt sich die Desoxyribonukleinsäure (DNS)
gewinnen, die den Bauplan des Blutspenders enthält.
Die DNS ist aber ein sehr zerbrechliches Molekül, und
Fossilien geben bestenfalls kurze Schnipsel des Erbfa-
dens preis. Zudem ist die DNS nicht gleichzusetzen mit
den Genen eines Vorzeittieres. Vielmehr besteht der
größte Teil der DNS aus sich wiederholenden Abschnit-
ten. Im Gegensatz zu den Genen werden diese nicht in
Eiweißmoleküle übersetzt. Weitere Abschnitte sind bei
fast allen Organismen ähnlich. Fände man ein solches
Stückchen im Dino-Blut, wäre nicht viel gewonnen,
denn die Analyse müßte erst die gewünschte Erbsubstanz lokalisieren. Dies wäre nicht einfach, weil sich in
den Tierleichen allerlei Mikroorganismen angesiedelt
haben, die ebenfalls DNS enthalten.

Die tatsächliche Wiederauferstehung der Dinosaurier
scheitert an den Grenzen der Gentechnologie. Der Film
umging diese Probleme elegant. Dort wurden mit Hilfe
der Erbsubstanz von Fröschen die Dino-Gene zusam-
mengesetzt und die so hergestellte DNS in Vogeleier
gespritzt, um Dinos das Leben zu schenken. Für die
häufig jungen Dino-Fans ist das nicht einfach zu verste-
hen. Doch auch eine Schokoladenfabrik wird keine
Autos herstellen, nur weil man ihre Maschinen mit den
entsprechenden Konstruktionsplänen füttert.

Dominikanischer Bernstein mit einem sogenannten „Massenfang" von Ameisen. Einschlüsse von Tieren sind im Dominikanischen Bernstein wesentlich häufiger zu finden als beim Baltischen Bernstein.

# Urschmuck: steinzeitliche Formen und Techniken

*Folgende Doppelseite: Zahlreiche Funde aus der Jungsteinzeit (3500–1800 v. Chr.) zeugen von der Beliebtheit des Bernsteins und von den Fortschritten bei seiner Bearbeitung in dieser Epoche. Die Abbildung zeigt mehrere Knöpfe und einen Scheibenanhänger aus der polnischen Kultur Rzucewo zwischen 2200 und 1700 v. Chr. Neben solchen Formen sind auch verschiedenartige Perlen und Amulette aus derselben Zeit bekannt.*

Mit fortschreitender kultureller Entfaltung entwickelte der Ur-Mensch auch gestalterische Fähigkeiten. Zu den bedeutenden Zeugnissen zählen die in der Altsteinzeit entstandenen Höhlenmalereien von Altamira, Lascaux und im Tal der Ardèche. Die dort abgebildeten Motive verschiedener Tiere und Jagdszenen lassen auf einen magischen Ort schließen, an dem das Jagdglück von unbekannten Kräften erbeten wurde. Das älteste von Menschenhand geschaffene Bernsteinamulett mit einem handgearbeiteten Loch in der Mitte ist vermutlich 30 000 Jahre alt.

Vor ungefähr 16 000 Jahren bearbeiteten die Steinzeitmenschen Bernstein. 1933 fand man bei den archäologischen Ausgrabungen eines Rentierjägerlagers bei Meiendorf, in der Nähe Hamburgs, eine etwa 19 Quadratzentimeter große Bernsteinplatte. In die weiche Bernsteinoberfläche hatten die jagenden Künstler Tiermotive eingraviert. Nach glücklicher Jagd schliffen sie das Bild des verzauberten Wildes wieder von der Oberfläche. Für die erfolgreiche Jagd auf das nächste Tier ritzten die pragmatischen Jagdkünstler mit Feuersteinen das Bild der begehrten Beute auf die weiche Bernsteinoberfläche. Dieser Jagdkult war scheinbar keine regionale Besonderheit, ähnliche Jagdzaubertafeln sind auch in Jütland gefunden worden.

Mit der langsamen Erwärmung des Klimas und dem dadurch bedingten Zurückweichen des Eises nach Norden ging die Zeit der Rentierjäger zu Ende. Der Altsteinzeit, Paläolithikum genannt, folgt das Mesolithikum, die Mittelsteinzeit, in einer Ausdehnung von 8000 bis 3500 Jahren v. Chr. Die klimatischen Veränderungen hatten auch einen Wechsel der Vegetation zur Folge. In der ehemaligen baumlosen Tundra entstanden Mischwälder aus Kiefern, Birken und anderen winterharten Laubbäumen wie Eiche, Buche, Linde und andere Arten. Nach zahlreichen Funden steinzeitlicher Lagerplätze und deren archäologischen Untersuchun-

*Dieser Wildpferdkopf wurde um 8000 v. Chr. in das Bernsteinstück geritzt. Vermutlich benutzten die Jäger der Steinzeit Bernsteinamulette für die Jagd auf verschiedene Tiere, deren Motive sie auf die Bernsteinoberfläche zeichneten. Nach der erfolgreichen Jagd wurde das Bild durch Schleifen wieder entfernt.*

gen konnte ein Bild der damaligen Lebensbedingungen nachgezeichnet werden. Die Menschen waren Jäger und Sammler und fertigten Feuersteinbeile. Für die Jagd auf Rotwild und Rehe wurden Pfeile und Speere mit kleinen Spitzen aus Flint bestückt. Bernstein wurde mit Hilfe von härterem Material wie Feuerstein und Sand bearbeitet. Tagelang schliff man den Rohbernstein mit verschiedenkörnigem Sand in Form. Felle, mit feinstem Sand bestreut, dienten dem Feinschliff. Die Oberfläche erhielt eine Politur mit Hilfe der Wollseite von Fellen. Durch Drehen von angespitzten Ästen und gleichzeitig zugeführtem Sand konnten die typischen trichterförmigen Löcher gebohrt werden. Bohrungen von beiden Seiten zur Mitte hin haben die Form eines Doppeltrichters. So wurden einfache Formen durchbohrt und doppelaxtförmige Perlen hergestellt, die häufig mit eingeritzten Zick-Zack-Linien verziert waren. Das Neolithikum, die Jungsteinzeit (3500–1800 v. Chr.), ist ein Zeitraum umfangreicher kultureller Veränderungen. Die Meeresbuchten der Ostsee an der jütländischen Halbinsel sowie die Kieler Förde oder das Kurische Haff weiter östlich waren um 4000 v. Chr. noch nicht versunken. Die Fischer und Jäger entdeckten den Ton als Werkstoff für feuerfeste Töpfe. Archäologische Ausgrabungen weisen verschiedene Orte regional eigenständiger kultureller Entfaltung nach, wie die Ellerbecker Kultur bei Kiel, die Schwarzorter Kultur bei Memel oder die Erteböller Kultur in Dänemark. Um 3500 v. Chr. ähnelte die Küstenlinie der heutigen, und aus fischenden und jagenden Nomaden waren seßhafte Bauern geworden. Bäume wurden mit scharf geschliffenen Feuersteinäxten gerodet, feste Häuser erstellt, Getreideanbau und Viehzucht betrieben. In dieser Epoche, der Trichterbecherkultur, war Bernstein im südlichen Schweden, in Dänemark und in ganz Norddeutschland nördlich vom Harz, im Erz- und Riesengebirge und von Polen über die baltischen Republiken bis

*Nachbildung eines im Zweiten Weltkrieg verschollenen Bernsteinpferdes aus der Jungsteinzeit, etwa 3000 v. Chr., das bei Woldenberg in Pommern gefunden wurde. Einen Bernsteinbären aus etwa derselben Zeit bewahrt das Bernsteinmuseum in Ribnitz-Damgarten auf. Die Menschen der Steinzeit demonstrierten mit diesen Plastiken vermutlich eine besondere Verbundenheit mit einigen wilden Tieren ihrer Lebenswelt.*

nach Karelien als Schmuck und Kultgegenstand im Gebrauch.

Besonders reichhaltige Funde sind aus den Mooren und den aus riesigen Findlingen bestehenden Ganggräbern Jütlands bekannt. Der Fund von Aggers Mose bei Kjaer auf der dänischen Halbinsel, wo in einer Tiefe von etwa zehn Metern 1800 Bernsteinperlen in einem Tongefäß lagerten, oder der Fund von Skive am Limfjord, bei dem 13 000 Einzelstücke (hauptsächlich Perlen) geborgen werden konnten, sorgten für großes Aufsehen. Anhand dieser Funde lassen sich die künstlerische und handwerkliche Entwicklung der Bernsteinschmuckherstellung und der Gebrauch des Bernsteinschmucks erkennen.

Wahrscheinlich schmückten sich die Menschen mit mehreren einzelnen Anhängern gleichzeitig, die später zu einer Kette aufgezogen um den Hals getragen wurden. Die Perlen bestanden noch aus unterschiedlichen Formen bei gleichmäßiger Größe. Mit Verfeinerung der Werkzeuge waren auch kleine Perlen und neue Formen herstellbar. Dreikant-, Kegel- und Zylinderperlen wurden auch gerne mit ungeschliffenen Stücken zusammen aufgefädelt. Mit Hilfe von vielfach durchbohrten Bernsteinstäbchen war es den Bernsteinschleifern möglich, den Schnüren der mehrreihigen Ketten den gleichbleibenden Abstand zu sichern. Heute gebrauchen die Goldschmiede, um dieses alte Problem bei einer mehrreihigen Zuchtperlenkette zu bewältigen, Abstandhalter aus Edelmetall. Daneben waren immer noch, kultisch bedingt, häufig Röhrenperlen, kombiniert mit Axt- und Keulenperlen, in Mode.

Mitte des 19. Jahrhunderts führte die Baggerei der bereits im vorigen Kapitel genannten Firma Stantien & Becker zu einer aufsehenerregenden Entdeckung. In den Ablagerungen am Boden des Kurischen Haffs bei Schwarzort fand man große Mengen Bernstein in Form von Perlen, Knöpfen, Ringen, Röhren, Scheibenanhän-

gern und Amuletten, Herstellungsdatum etwa 3000
v. Chr. Zu den interessantesten Stücken dieses
„Schwarzorter Fundes" gehören die bernsteinernen
Menschen- und Tierfiguren. Man nimmt an, daß es sich
bei den geborgenen Stücken um Teile von Grabbeigaben eines überfluteten Ganggrabes handelt. Ähnliche
Schnitzereien aus anderem Material wie Ton, Knochen,
Stein und Holz sind aus dem weiten Verbreitungsbe-
reich der Trichterbecherkultur bekannt. Auch in Ost-
england, in den Höhlengräbern und Dolmen Frankreichs sowie den Hockergräbern und Pfahlbauten der
Schweiz wurden einige Bernsteinartefakte aus der Steinzeit entdeckt, woraus sich auf eine Handelstätigkeit der
Angehörigen der Trichterbecherkultur schließen läßt.

# Bernsteinfunde aus der Bronzezeit

Mit der Zuwanderung eines Hirtenvolks in den Ostsee-
raum, der sogenannten Schnurkeramiker aus dem süd-
östlichen Europa, veränderten sich auch die kulturellen
Gewohnheiten. Die Trichterbecherleute bestatteten die
Toten ihrer Sippe in Hünengräbern, die Schnurkeramiker legten Einzelgräber an, in welchen sie die einge-
äscherten Reste ihrer Ahnen in Urnen beisetzten. Die
Angehörigen beider Kulturen vermischten sich in der
Bronzezeit (1800–400 v. Chr.). Aus dieser Zeit sind
relativ wenige Bernsteinschmuckstücke aus den Gräbern erhalten, was auf die neue Urnenbestattungsform
zurückzuführen ist.
Einige Funde aus Dänemark, die auf Jütland und auf
den Ostseeinseln gefunden wurden, zeigen, im Vergleich zu Perlen und Ketten aus der Jungsteinzeit, einfa-
chere Formen. Aus späterer Zeit ist phantasievoll
gestalteter Bernsteinschmuck bekannt, neben Bernstein-
knöpfen und flachen halbmondförmigen Anhängern
war auch Gürtelschmuck aus Bernstein in Mode.
Scheinbar trieben die Bewohner der nördlichen Küstenregionen einen regen Tauschhandel mit den Völkern
der Mittelmeerländer und den Kulturen des Vorderen
Orients. Mit Bernstein wurden die begehrten Metalle
Kupfer, Zinn, Gold und das lebensnotwendige Salz ein-
gehandelt. Die Schmiede benötigten Rohstoffe aus dem
Erzgebirge (Zinn) und von der Insel Kreta (Kupfer), um
Bronze für Geräte, Gefäße, Schmuck und Waffen herzustellen, und tauschten die Waren gegen Bernstein. Die
ältesten Bernsteinfunde aus jener Zeit konnte Heinrich
Schliemann aus den Gräbern von Mykene bergen. Es
wurde nachgewiesen, daß die entdeckten Bernsteinperlen und Rohbernsteine aus Baltischem Bernstein sind
und nicht aus Rumänischem oder Sizilianischem Bernstein bestehen. Auch in Italien sind bronzezeitliche
Bernsteinfunde weit verbreitet. Neben den damals
begehrten Glasperlen wurde Bernstein hauptsächlich zu
Schmuck verarbeitet. An den Ufern verschiedener

Bernstein war in ganz Europa eine begehrte und teure Handels- und Tausch-
ware. Der Transport auf dem Lande und zur See war abenteuerlich und zeitraubend. Die Eigentümerin dieser Bernsteinkette aus der Zeit um 700
v. Chr., die in Tooradoo in der irischen Grafschaft Limerick, weit entfernt
vom Fundort des Rohmaterials, gefunden wurde, war sich bestimmt der
Exklusivität ihres Schmucks bewußt.

Schweizer Seen sind versunkene Siedlungen aus der Bronzezeit archäologisch untersucht worden. Dort fand man Bernsteinperlen von besonders feiner handwerklicher Qualität.

Mit Beginn der Eisenzeit waren die Handwerker in der Lage, auch feinere Werkzeuge für hochwertige Schmuckarbeiten herzustellen. Bronzene Gewandspangen, Dolch- und Schwertgriffe wurden mit Bernsteineinlagen versehen, und mit Köpfen aus Bernstein verzierte Bronzenadeln zeugen von der Geschicklichkeit einiger Handwerker. Zwei kunstvoll gearbeitete Becher aus dieser Zeit werden im Dorset-County-Museum in England verwahrt.

Die Bernsteinhandelswege verliefen hauptsächlich in Nord-Süd-Richtung. Die Phönizier segelten über das Mittelmeer, den Atlantik und die Nordsee bis in die Elbmündung und nach Jütland, um ihren Bedarf an Bernstein zu decken. Dieser Weg war schon lange bekannt und wurde bereits um das Jahr 1000 v. Chr. in assyrischer Keilschrift auf einem ägyptischen Obelisken erwähnt. Auch ägyptische Skarabäen aus Bernstein sind gefunden worden.

Zum Teil erhebliche Depot- oder Lagerfunde – die schwerste Menge beträgt zwölf Zentner Rohbernstein – auf bestimmten Handelswegen lassen drei Hauptrouten des Bernsteintransports, die sogenannten *Bernsteinstraßen*, entlang wichtigen Flußläufen erkennen. Über diese Wege wurde aber nicht nur Bernstein transportiert. Ähnlich wie die Wege der Seidenstraße oder der Salzstraße wurden die Möglichkeiten des allgemeinen Transports über Land auf dem ausgedehnten Wegenetz der Bernsteinstraßen wahrscheinlich schon in prähistorischer Zeit von Händlern genutzt, wie aus zahlreichen alten Umschlags- und Stapelplätzen, Brücken, Furten und Floßfährenanlegern zu schließen ist. Die Bernsteinfunde aus der Bronzezeit und der frühen Eisenzeit lassen eine sichere Datierung des Handels von Nord- nach

Südeuropa zu. Neben den traditionellen Seewegen nah-
men die Händler des nördlichen Mittelmeeres auch verschiedene Wege über die Pässe der Alpen bis zum
Rhein, oder sie zogen durch das Tal der Rhône und des
Rheins an die Nordsee.

Später, in der Zeit der römischen Expansion, führten
andere Handelswege entlang der Donau und der Mol-
dau oder über Rhein, Main und Saale an die Elbe,
Richtung Nordsee. Die griechischen Händler bevorzug-
ten die Route über das Schwarze Meer, die Wolga oder
den Dnjestr bis zur Weichselmündung an die Ostsee.

Die Römer benutzten noch einen anderen Weg, um mit
den Aestiern, so wurden die Bewohner der Ostseeküste
genannt, Handel zu treiben und um den stetig wachsenden Bernsteinbedarf der Bernsteinmode zu decken:
Über Aquileja, damals Zentrum antiker Bernsteinbearbeitung, und Carnuntum, die stärkste römische Festung
an der mittleren Donau, führte die Handelsroute entlang der Oder nach Osten an die Weichsel bis zu ihrer
Mündung in die Ostsee.

# Die Bernsteinmode zur Zeit der römischen Cäsaren

Aus den Zeiten der Römischen Republik sind nur wenige einfach gestaltete Bernsteinartefakte bekannt. Mit der Erweiterung des Römischen Reichs unter der Herrschaft der Cäsaren dehnten sich auch die Handelsbeziehungen mit den eroberten Ländern aus. Mit steigendem Wohlstand des Reichs und einzelner Familien und Personen wuchs auch das Bedürfnis nach individuellem Luxus und Repräsentation. Im Rom der Kaiserzeit war Bernstein ein Luxusartikel ersten Ranges und wurde aus dem fernen Glaesien, von den Ostfriesischen Inseln, ins Reich importiert. Während Kaiser Nero regierte (54–68 n. Chr.), herrschte in Rom eine Bernsteinmode, und es kam zu einer Verknappung des Nachschubs an Rohbernstein. Nero beauftragte den römischen Ritter Julianus, das Samland näher zu erkunden. Der Wissenschaftler und Chronist Plinius überliefert aus dem klassischen Altertum in seiner „Naturalis Historia" interessante Details über die Reise seines Zeitgenossen Julianus und dessen Auftraggeber: Auf Neros Geheiß kaufte der Ritter auf den Märkten der Aestier und an der Küste riesige Mengen Bernstein für die Ausstattung eines einzigen Gladiatorenspiels. Das größte Stück wog 13 römische Pfund, ungefähr 4,5 Kilogramm. Nach der Rückkehr Julianus' von den etwa 900 Kilometer entfernten Gestaden Germaniens konnten endlich die lange geplanten Spiele veranstaltet werden. Die Netze der Kämpfer zum Abhalten der wilden Tiere und zum Schutz der Kaiserloge waren mit Bernsteinstückchen verziert. An den Spieltagen war die ganze Einrichtung des Circus, Waffen und Geräte, die Totenbahren und selbst der Sand der Arena mit Bernstein durchsetzt. Unter den Luxusgegenständen habe man den Bernstein so sehr geschätzt, daß der Preis für die kleinste Skulptur eines Menschen höher gewesen sei als der für einen kräftigen gesunden Sklaven, berichtet Plinius. Zwar gefielen auch Gold, Silber und Edelsteine, und kunstvoll gestaltete bronzene und kristallene Gefäße erfreu-

*Plinius der Ältere (23–79 n. Chr.) verfaßte die „Naturalis Historiae". In diesem 37bändigen Werk dokumentierte er als erster beispielhaft sachlich naturwissenschaftliche und gesellschaftliche Zusammenhänge seiner Zeit. In seinen Berichten erfahren wir auch viele Details über den Handel mit Bernstein in der Römischen Republik.*

ten sich großer Beliebtheit, aber einen Luxusgegenstand wie Bernstein zu besitzen, war zu jener Zeit der höchste Genuß der reichen Römer.

Die Bernsteinmode erreichte auch die eroberten Provinzen. Das Zentrum der Bernsteinkunst des Römischen Kaiserreichs war Aquileja. Hier fanden die Archäologen zahlreiche künstlerisch wertvolle Stücke, darunter Grabbeigaben, die zur Ehrung der Toten angefertigt wurden. Es handelt sich dabei um Gebrauchsgegenstände wie Löffel, Amphoren, Kämme, Spiegelgriffe und Öllämpchen in Miniatur, die dem Toten die Reise ins Jenseits erleichtern sollten. Viele der kunstvoll geschnitzten Bernsteinfingerringe haben die Symbolik der antiken Vorstellungen des Totenreichs und seiner Götter zum Thema.

Daneben wurden auch im täglichen Leben Gebrauchsgegenstände aus Bernstein verwendet, und zerriebener Bernstein wurde als Räucherpulver benutzt.

Viele dieser Schmuckstücke sind heute im archäologischen Museum der Stadt Aquileja zu bewundern.

Etwa hundert Jahre nach Neros Amtszeit ging die römische Bernsteinmode zu Ende. Im Gegensatz zu anderen Römerstädten des Rheinlands wurden in Köln noch zahlreiche Funde geborgen, die aus dem 2., 3. und vom Anfang des 4. Jahrhunderts stammen.

Mit dem Beginn der großen Völkerwanderung (um 375 n. Chr.) zerfiel das Römische Reich und verlor zahlreiche Provinzen, vor allem westliche und südliche, an verschiedene germanische Stämme. Burgunder, Franken und Westgoten bildeten nun ihrerseits neue Reiche. Der Bernstein als ehemals begehrte Luxusware geriet zunächst in Vergessenheit.

*Bernsteinwürfel aus der eisenzeitlichen Siedlung Ostermoor. Mit Beginn der Eisenzeit waren die Handwerker in der Lage, mit Hilfe spezieller Werkzeuge präzise gefertigte Gegenstände herzustellen. Über verschiedene Handelsrouten, die sogenannten Bernsteinstraßen, gelangte das begehrte Material auch in den Mittelmeerraum. Bei den Römern erfreute sich der Bernstein besonders während der Kaiserzeit großer Beliebtheit.*

# Der Bernsteinhandel der Wikinger

Im frühen Mittelalter war Nordeuropa von den Normannen bewohnt. Hierzu zählen Dänen, Schweden und Norweger, allgemein auch Wikinger genannt. Aber Überbevölkerung, Hungersnot und politische Unzufriedenheit aufgrund der Herrschaftsstrukturen trieben die freiheitsliebenden Nordleute zu kriegerischen Abenteuern an die Küstenregionen fremder Länder. Die Aussicht, ruhmreich von den Beutezügen zurückzukehren, war verlockend.

Die technische Voraussetzung für die erfolgreiche Expansion der Normannen war die Erfindung des Kielbootes. An Stelle des herkömmlichen Ruderbootes war das leichte und stabile Kielboot mit einer verstärkten Bodenplatte für Kiel und Mast ausgerüstet. Das Zusammentreffen mit einem Wikingerschiff war für andere Handel treibende Seefahrer mit schwerbeladenen Lastschiffen gleichbedeutend mit dem Verlust der Ladung oder gar des Lebens, denn die Wikinger waren auch gefürchtete Piraten.

In den eroberten Gebieten dienten befestigte Stützpunkte als Schutz- und Handelszentren. Im 8. und 9. Jahrhundert übernahmen die Wikinger wichtige Handelsbeziehungen, die zuvor im Mittelmeerraum von den Juden und im nördlichen Europa von den Friesen unterhalten worden waren. Die Wikinger waren gute Navigatoren und Seefahrer. Als Transportwege für ihre Tauschwaren benutzten sie auch große Ströme. Dabei wurden die leichten Schiffe zwischen zwei Flüssen über Land geschleppt. Von Birka bei Stockholm in Schweden über den Dnjepr erreichten die Waren Byzanz, die Wolga war der Verbindungsfluß in die arabische Welt. Bedeutender als der Handel mit den Griechen war der mit den Arabern: Aus Westturkestan und Afghanistan wurde Silber importiert. Daß diese Handelsbeziehungen tatsächlich bestanden, beweist der Fund von 40 000 arabischen Silbermünzen auf Gotland. Die Wikinger lieferten Pelze und Sklaven aus den balti-

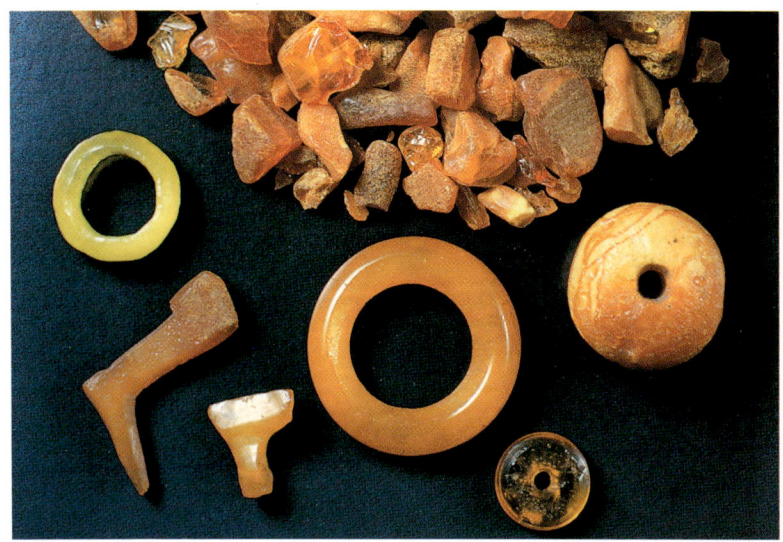

*Haithabu bei Schleswig war ein wichtiger Handelsort und Warenumschlag-
platz der Wikinger. Funde, die bei archäologischen Ausgrabungen entdeckt
wurden, beweisen, daß es auch Bernsteinschleiferwerkstätten gab, die aus
Rohbernsteinen Ringe, Perlen und Amulette herstellten.*

schen, slawischen und finnischen Gebieten sowie Schmuck aus Edelmetallen und Bernstein. Die Mohammedaner brauchten große Mengen Bernstein für ihre Gebetsschnüre, die meistens aus schwarzem Bernstein waren. Die „Teshbi" genannten Ketten bestanden aus 99 Perlen und waren auf den Juwelenmärkten des Orients zu kaufen.

Um 900 wurde die befestigte Stadt Haithabu bei Schleswig zum Zentrum des Handels und sicherte die Transitwege zwischen dem Südosten und dem Westen. Im Zuge umfangreicher Ausgrabungen wurde die 1050 zerstörte und versunkene Handelsmetropole wieder freigelegt, und Zeugnisse der Lebensweise und des Luxusbedürfnisses ihrer Einwohner traten zutage. Zahlreiche Schmuckperlen und Amulette, Ringe, Spinnwirteln und Bernstein-Webgewichte wurden gefunden. Viele Rohsteine sind teilweise bearbeitet, und Bernsteinabfälle zeugen von der Existenz einiger Bernsteinschleifereien. Einzigartig sind Spielsteine und Würfel aus Bernstein und Spielsteine aus Knochen für ein frühes Mühlespiel von der Insel Föhr.

Auch aus Dänemark und England sind Bernstein-Artefakte aus der Wikingerzeit bekannt. An verschiedenen Orten fand man aus Bernstein geschnittene Menschenbildnisse und Anhänger mit Tierornamenten. An den Küsten Ostenglands wurden Schmuck, Gewandbesatz, Amulette und mit Bernstein verziertes Jagdgerät entdeckt.

Mit fortschreitender Christianisierung kamen die Normannen zur Ruhe und wurden in den ehemals besetzten Gebieten seßhaft.

In den folgenden Jahrhunderten des hohen Mittelalters, nach dem Untergang Haithabus, spielte Bernsteinschmuck nur noch eine untergeordnete Rolle.

Die Wikinger waren erfolgreiche Seefahrer und Händler. Mit offenen Holz-
booten von Typ „Knorr", die bei 24 bis 26 Meter Länge mindestens 40 Tonnen Last aufnehmen konnten, segelten sie auch von Norwegen nach Haithabu. Sechs bis acht Mann Besatzung manövrierten das Boot mit Rudern in
den Hafen zum Festmachen an der Brücke.

# Der Deutsche Orden und das Bernsteinregal

Mit dem Einzug der Deutschritter in die bernsteinreichen Gebiete entlang der Ostseeküste begann ein streng kontrollierter Bernsteinhandel. Der Deutsche Orden, eigentlich als Bruderschaft für die Krankenpflege 1190 in Akkon gegründet, wurde 1198 ein geistlicher Ritterorden und vereinigte christliche und asketisch-ritterliche Ideale wie Armut, Keuschheit, Gehorsam und die Verteidigung des Glaubens.

Um 1250 eroberte der Orden das Samland und bis 1283 ganz Preußen. Zur Sicherung der eingenommenen und christianisierten Gebiete wurden Burgen und Ansiedlungen errichtet. Die Ordensbrüder waren aber auch sehr geschäftstüchtig und erkannten früh den Wert des Bernsteins und die lukrativen Möglichkeiten des Handels. Rechtzeitig sicherten sie sich das Bernsteinregal nach dem Vorbild der besiegten Herzöge von Pommerellen, d. h. das Recht, Bernstein zu sammeln wurde vertrauenswürdigen Untertanen verliehen, wogegen das Recht des Kaufes allein dem ehemaligen Herzog bzw. nun dem Deutschen Orden vorbehalten war. Dieses Monopol war handelspolitisch wichtig, denn der Orden bezahlte seine Rechnungen hauptsächlich aus dem Erlös der Bernsteinernte. Durch Verknappung wurden die Preise erhöht und stabilisiert. Die Gewinnung von Bernstein und der Handel waren vertraglich geregelt und straff organisiert.

Für die Küstenbewohner hatte das Bernsteinregal harte Folgen. Strandvögte und Beamte wachten streng darüber, daß jedes Stück Bernstein abgegeben wurde. Die Einheimischen mußten alle drei Jahre einen sogenannten Strandeid leisten. Dieser verpflichtete sie, alle Bernsteinfunde, auch die geringste Menge, zu melden und abzugeben. Überwacht wurde dieses Gesetz von den Strandreitern und den Kammerknechten, die auch die Strafen vollzogen. Unbefugte Bernsteinsammler hatten keinen Zutritt zum Strand und wurden sofort gehenkt.

*Bernsteinfischer, dargestellt auf einem Holzschnitt von 1662 oder später.*
*Der Galgen im Hintergrund auf der linken Seite verdeutlicht drastisch, wie*
*nach einem Verstoß gegen die „Bernsteingesetze" zur Zeit der Herrschaft*
*des Deutschen Ordens im Samland mit dem Missetäter verfahren wurde.*

Bernsteindiebstahl oder Fundunterschlagung wurden
schwer bestraft.

Für die Küsten Dänemarks und die des heutigen Schles-
wig-Holsteins unter dänischer und preußischer Herrschaft gab es kein derartiges Bernsteinregal. Zwar ver-
pachtete der dänische König das Recht, Bernstein auf
dem Vorstrand zu sammeln, es war jedoch Aufgabe der
Strandvögte, den Bernstein anzukaufen und auf öffentlichen Auktionen meistbietend zu veräußern. Die Hälfte des Erlöses mußte an die Krone abgeführt werden.

Gegen Fundunterschlagung erließ der Deutsche Orden
bereits im Mittelalter ein Verbot der Bernsteinverarbeitung im ganzen Ordensland, sofern der Ordensmeister
nicht eine Ausnahme für sich selbst zuließ. Alte Rechnungen des Klosters Marienburg aus dem Jahr 1399
beweisen, daß Aufträge in bedeutendem Umfang an
Bernsteindreher und -schnitzer vergeben und bezahlt
wurden. In der Zeit um 1400 fertigte Meister Johann,
eine Art „Hofkünstler" des Hochmeisters, neben
Rosenkränzen auch Medaillons und Bildtafeln an, zum
Teil aus dem damals hochgeschätzten Weißen Bernstein.

Bis zum Ende des 15. Jahrhunderts durfte der gesamte
Bernstein des Deutschen Ordens nur in den beiden
dafür zugelassenen Hansestädten Lübeck und Brügge
verarbeitet werden.

Die Hanse bestand seit dem 11. Jahrhundert und war
ein genossenschaftlicher Zusammenschluß deutscher
Kaufleute im Ausland. Mit Hilfe ihrer Schiffe, der Kog-
gen, erschlossen sie nach den Wikingern den Wirt-
schaftsraum der Ostseeländer. Der lockere Handels-
und Wirtschaftsbund bildete mit Lübeck, Hamburg,
Wismar, Rostock u. a. einen starken wirtschaftlichen
Machtfaktor. Zur Durchsetzung der Handelsprivilegien
bediente man sich des Wirtschaftsboykotts. Diese über-
aus wirksame Waffe wurde „Verhansung" genannt. Die
Warenboykottmaßnahmen betrafen einen oder mehrere

*Die große Wanderdüne auf der Kurischen Nehrung bei Nidden. Der fliegende Sand kann im Lauf einiger Jahre ganze Ortschaften unter sich begraben. Diese Wanderdüne ist bis heute ein besonderer Anziehungspunkt für Touristen. Mit etwas Glück können am Strand auch Bernsteinstücke gefunden werden.*

Häfen eines Landes oder ein ganzes Land. Der Bund
hatte mit seinen etwa 200 wechselnden Mitgliedern
auch politisches Gewicht.

Dem Orden verpflichtete „Lieger", Handelsbevoll-
mächtigte in den Hansestädten Lübeck und Brügge, bildeten die nächsten Pfeiler des Bernsteinmonopols. Die
Lieger besorgten auch den Handel mit anderen Waren,
wie Wachs, Werg, Kupfer, Blei und Gegenständen, die
sie aus Preußen geschickt bekamen. Sie regelten den
Verkauf des Rohbernsteins, und mit den Erlösen kauften sie ausländische Produkte ein, besonders feine
Tuche und Gewürze, und schickten diese per Hanse-
kogge nach Preußen.

Im Gegensatz zu früheren Zeiten wurde die Produktion
von hochwertigen Gegenständen und Schmuck aus
Bernstein eigenartigerweise völlig eingestellt. Warum
die Bernsteinschnitzer nicht mehr tätig waren, ist nicht
sicher zu erklären. Einige Historiker stellen einen
Zusammenhang mit dem Ausbruch der Pest und dem
wachsenden Einfluß der kirchlichen Macht her. In einer
Zeit, in der bei vielen Menschen Hunger und Not
herrschten, wandte man sich der Religion zu. Die
Geistlichen sahen in der Pest eine von Gott gewollte
Strafe, um den Menschen Buße und Reue für ihr laster-
haftes Leben abzuverlangen. Das Bemühen um einen
einfachen, gottgefälligen Lebenswandel mag vielleicht
erklären, warum keine aufwendigen Bernsteinkunst-
werke oder Schmuck aus dieser Zeit erhalten geblieben
sind oder angefertigt wurden. Bis ins späte Mittelalter
waren aber aus Bernstein gefertigte Rosenkränze im
Gebrauch, denn zur Ausübung des religiösen Rituals
wurden auch kostbare Materialien verwendet.

Scheinbar ist der Bedarf an Rosenkränzen so groß
gewesen, daß sich aus diesem Handwerk in Brügge seit
1302 und in Lübeck seit 1310 selbständige Bernstein-
dreherzünfte bildeten. Wie die Handwerksbezeichnung
„Paternostermacher" verrät, fertigte dieses Gewerk

ausschließlich Rosenkränze aus Bernstein an. Ihre
Handwerksbezeichnung ist auf den Beginn des „Vater
unser" in lateinischer Fassung („Pater noster ...") zurückzuführen. Viele dieser hauptsächlich in sakralem
Zusammenhang benutzten Bernsteinketten wurden von
Händlern auf den großen Märkten in Frankfurt am
Main, Köln, Nürnberg und Venedig verkauft.
Später, nachdem die Handelspolitik der Hanse kaum
mehr eine Rolle spielte, die Macht des Ordens gebro-
chen war und das Verarbeitungsmonopol nicht mehr
durchgesetzt werden konnte, entfalteten sich kurzzeitig
auch in anderen Städten Paternostermacherzünfte. Im
Zuge der Reformationsbewegung in ganz Europa wan-
delte der letzte Hochmeister des Deutschen Ordens,
Albrecht von Brandenburg-Ansbach, der seit 1525
erster Herzog von Preußen war, den geistlichen preußischen Ordensstaat in ein weltliches, von religiöser Tole-
ranz geprägtes protestantisches Herzogtum um. Es kam
zu einer Wirtschaftskrise, die auch den Absatz von
Gebetsschnüren erfaßte, so daß viele Handwerker
arbeitslos wurden.

# Bernstein im 16. bis 18. Jahrhundert

Das wachsende Repräsentationsbedürfnis der Fürsten verhalf dem Bernstein nach der Reformation zu einer neuen Blüte. An mehreren Residenzen entwickelten sich künstlerische Zentren der Bernsteinbearbeitung, von denen Kassel, Braunschweig, Dresden, Berlin, Wien und Kopenhagen die bedeutendsten waren. Viele Fürsten des 16., 17. und 18. Jahrhunderts stellten begabte Bernsteindreher, Kunstdrechsler, Bernstein- und Elfenbeinschnitzer in ihre Dienste, um so repräsentative Geschenke vorrätig zu halten und ihre Schatzkammern zu bereichern.

Kaum ein Künstler entstammte den handwerklichen Zünften der Bernsteindreher, deren vorgeschriebene Arbeitsweise eine künstlerische Entfaltung kaum zuließ. Einige freie Meister, die sich dem Zunftzwang nicht beugten, und die sich deshalb außerhalb der Stadtmauern niederlassen mußten, hatten Glück: Sie konnten an einem fürstlichen Hof arbeiten. Bei Adligen, wie Friedrich Wilhelm, Kurfürst von Brandenburg (1640–1688), und später bei mehreren Mitgliedern des dänischen Königshauses war Bernstein sehr populär. Sie ließen sich von berufenen Künstlern in Bernsteindreherei und -schnitzerei unterrichten. Wurden bisher fast ausschließlich sakrale Gegenstände gefertigt, waren nun neue Anforderungen an die Künstler und Kunsthandwerker gestellt. Das wachsende Bedürfnis nach luxuriösen Gegenständen und die humanistische Geisteshaltung hatten schnell dazu geführt, daß aus großen Bernsteinstücken nicht nur Heiligenfiguren, sondern auch profanes Prunkgerät wie Becher und Schalen entstanden. Angefertigt wurde, was den Wünschen der Auftraggeber entsprach.

Friedrich Nicolai berichtet im Jahr 1786 von der königlichen Kunst- und Naturalienkammer der brandenburgisch-preußischen Herrscher: „Das Kabinett von gearbeitetem Bernstein ist der Größe und der Anzahl der Stücke wegen sehr vorzüglich. Zum Beispiel ein ganzer

*Bernstein wurde auch häufig für kostbares sakrales Gerät verwendet. Dieses feingearbeitete Kruzifix entstand im 17. Jahrhundert, vermutlich in Elbing.*

Bauernhof, worauf Ochsen, Kühe, Kälber, Tauben, Störche etc. befindlich sind. Eine Uhr. Die Auferstehung Christi. Ein Altar. Sehr viele künstlich ausgearbeitete Schränke, Pokale und andere Gefässe, Hausgeräth, Thiere u. dergl. Ein Schiff aus Bernstein mit einem Uhrwerk. Ein dergleichen Bergwerk, worinnen die Figuren der Arbeitsleute aus Bernstein sind, mit einem Uhrwerk. Eine Wasserkunst ..." In geringerem Umfang wurde auch sakrales Gerät wie Hausaltäre, Kruzifixe, Kelche, Kannen, Patenen und Kirchenleuchter hergestellt.

Aus der Zeit der Renaissance und des Barock können zahlreiche Arbeiten namhaften Bernsteinschnitzern zugeschrieben werden. Hinter der Vorgabe der Fürsten, Förderer der Kunst zu sein, verbargen sich eindeutige politische Absichten. Bernstein war ein begehrtes, seltenes Material, und die jeweiligen Inhaber des Bernsteinregals verstanden es, wertvolle Geschenke zu ihren Gunsten einzusetzen. Im Gegenzug erwartete man von den beschenkten Fürstenhöfen und Persönlichkeiten eine wohlwollende politische Haltung und eine Verbesserung der Beziehungen.

Die Bernsteinschnitzer verstanden es, die Wirkung des Materials durch geschicktes Aneinanderfügen unterschiedlicher Farbtöne zu steigern. In Kombination mit Elfenbein und Ebenholz erscheint der Bernstein noch einzigartiger. Die Leuchtkraft transparenter Bernsteine unterstützte man mit Hilfe einer Abwandlung der Eglomisé-Technik, die gegen Ende des 17. Jahrhunderts entwickelt wurde. Auf der Rückseite der Bernsteine ritzte man Ornamente oder figürliche Darstellungen ein und fügte ein Stück dünne Silberfolie dahinter. Auf diese Weise sind die Bilder deutlich durch den Stein sichtbar. Das Verfahren wurde gerne abgewandelt. Statt Silberfolie verwendete man neben Zinnfolie auch Elfenbeinreliefs, die unter dem klaren Bernstein wie durch eine Glasscheibe zu sehen sind.

Das Bernsteinkästchen (Höhe 21 cm) dus Königsberg oder Danzig, Ende 17. Jahrhundert, wird Michael Redlin zugeschrieben. Der untere Teil der Schatulle ist von einem Holzkern gestützt, während der etwas zurückspringende obere Teil des Kästchens freitragend nur aus Bernstein besteht. Einige Bernsteinfelder sind mit zarten bildhaften Gravuren verziert. Die nackte Frauengestalt stützt sich auf einen Beutel und wird als die Erdgöttin Gaia gedeutet. Öffnet man den Deckel der Ziertruhe, ist auf dem Boden im Inneren ein Bernsteinrelief nach einer Szene der Erzählung „Pyramus und Thisbe" des römischen Lyrikers Ovid zu entdecken.

*Humpen (Höhe 22 cm) mit geschnittenem figürlichem Dekor in teilweise vergoldeter Silberfassung. Norddeutsch, Anfang 17. Jahrhundert, aus Schloß Rosenborg, Kopenhagen. Bernstein war an den königlichen und fürstlichen Höfen ein begehrtes Material, zeigte es doch Reichtum und kultivierte Lebensart. Gerne verpflichteten die Monarchen führende Künstler für die Anfertigung dieser hochwertigen Pretiosen.*

*Dieses kunstvoll gearbeitete Mühlebrett aus Bernstein entstand Ende des 16. Jahrhunderts. Spielbretter und Spielsteine aus Bernstein, wie Schachfiguren, waren an den europäischen Fürstenhöfen sehr beliebt.*

Bernstein setzte der skulpturalen Schnitzerei aber auch gewisse Grenzen. So konnten nur kleine Figuren angefertigt werden oder solche, die sich aus mehreren Bernsteinstücken zusammensetzten. Hierbei gab es häufig Farbprobleme, denn zwei Bernsteine sind selten von gleicher Couleur. Die Sprödigkeit des Materials ließ es mit damaligen Werkzeugen nicht zu, im Gegensatz zur Schnitzerei in Elfenbein, Gliedmaßen wie Hände oder Füße fein herauszuarbeiten, denn eine Politur ebnete zwangsläufig die Feinheiten auf der weichen Bernsteinoberfläche wieder ein.

Anfang des 17. Jahrhunderts stießen die Bernsteinkünstler an die Grenze ihrer technischen Möglichkeiten. Die Forderung der Auftraggeber nach immer größeren Bernsteinobjekten war mit der bisherigen Herstellungsweise nicht zu erfüllen. Erst mit Hilfe der Entwicklung der Inkrustation in der Zeit des Barock konnten auch großflächige Gegenstände aus Bernstein angefertigt werden. Dazu wurden die flachen Rückseiten bearbeiteter Bernsteine, z. B. Teile eines Reliefs oder eines Ornaments, wie ein Mosaik auf einen Holzkern geleimt. Zunächst wurden große, aus Holz gefertigte Kästen damit verkleidet. Seit Mitte des 17. Jahrhunderts wurde dann immer seltener der transparente Bernstein zu Objekten verarbeitet, für die das Leuchten und Durchscheinen des Materials entscheidend war. Auf Holz geleimt, wirkte das nur störend. Opaker (undurchsichtiger) Bernstein kam in Mode, und mit der neuen Technik fertigten die Künstler nun, dem zeitgemäßen Stil entsprechend, auch Bernsteinmöbel an, für die riesige Mengen des Schmucksteins verarbeitet wurden. Bis heute wirkt sich allerdings das Ausdehnen und Schrumpfen des Holzes bei Feuchtigkeit oder durch Temperaturveränderungen nachteilig aus. Durch Rissebildung, Verschiebung der Materialien und spröden Leim fallen Bernsteinplatten oft vom Holzkern ab und gehen dadurch häufig verloren.

*Das kostbare Elfenbeinrelief (2. Hälfte 17. Jh.),
das die Verkündigung an Maria darstellt, wird von
einem Rahmen aus Bernstein eingefaßt. Möglicher-
weise hat diese Tafel zusammen mit weiteren die
Front eines Sakristeischranks geschmückt.*

# Das Bernsteinzimmer

Friedrich III., seit 1688 Kurfürst von Brandenburg, krönte sich 1701 in Königsberg zu „Friedrich I., König in Preußen". Repräsentative Residenz des neuen Königreichs Preußen sollte Berlin sein. Für die städtebauliche Entwicklung der Hauptstadt verpflichtete der kunstsinnige Friedrich I. die berühmtesten Architekten, Hofmaler und Bildhauer seiner Zeit. Berlin sollte einmal den Residenzstädten der französischen und russischen Herrscher ebenbürtig sein. Viele prunkvolle Bauten und weitläufige Gartenanlagen zeugen gegenüber ausländischen Königen und Gesandten von Reichtum und kultivierter Lebensart. Für die Planungen der Umbauten des Berliner Stadtschlosses beauftragte Friedrich I. 1698 den seinerzeit berühmtesten Bildhauer Andreas Schlüter. Als Architekt und Baumeister hatte er wegen mangelnder Erfahrung allerdings nur mäßigen Erfolg. Nachdem der von Schlüter errichtete Münzturm des Stadtschlosses 1706 wegen technischer Unzulänglichkeiten zusammenfiel, hatte die Architektenkarriere ein Ende, und im gleichen Jahr wurde Schlüter entlassen. Neuer Baumeister für die Arbeiten am Stadtschloß (1707–1713) wurde ein Schwede von der Insel Gotland, Johann Friedrich Eosander, auch „von Göthe" genannt. Er war bereits 1692 in brandenburgische Dienste eingetreten, und Andreas Schlüter betrachtete seinen Nachfolger stets eifersüchtig als Konkurrenten. Der kunstsinnige Monarch Friedrich I. schickte Eosander zur weiteren Ausbildung auf Studienreisen nach Italien und Frankreich, um so den Anschluß an die neuen Entwicklungen der verfeinerten Hofkunst und Architektur zu gewährleisten. Eosanders Talent zeigte sich beispielhaft bei der Dekoration von Innenräumen, besonders bei der Umwandlung und Ausstattung von Schloß Lietzenburg, das zu Ehren der verstorbenen Eigentümerin, der „Philosophischen Königin" Sophie Charlotte, in Charlottenburg umgetauft wurde.
Auf Anregung des dänischen Königs Christian IV., der

Das Kurfürstliche Berliner Stadtschloß an der Spree auf einer Zeichnung von 1690. Die Vertäfelungen des Bernsteinzimmers entstanden 1701 bis 1711 und wurden anschließend im Tabakkabinett des erweiterten Berliner Stadtschlosses installiert.

einige Räume seines Kopenhagener Schlosses mit Bernsteinmosaiken verziert hatte, sollten die Wände eines Raums im Anbau des künftig als Sommerresidenz zu bewohnenden Schlosses Charlottenburg durch Bernsteinvertäfelungen geschmückt werden. Der dänische König hatte seinen erfahrenen Hofbernsteinschnitzer Gottfried Wolffram für diese Arbeit empfohlen. Als Herr des Bernsteinregals standen Friedrich I. bzw. seinen Kunsthandwerkern große Mengen feinsten Bernsteins aus der Schatzkammer der preußischen Provinz zur Verfügung. 1707 waren nach sechsjähriger Arbeit eine Wand und große Teile der Gesimse fertiggestellt. Dann kam es zu einem Streit über Preis und Lohn mit Eosander, dem Baumeister des Schlosses, was die Entlassung des Künstlers Gottfried Wolffram zur Folge hatte. Die Danziger Meister Turow und Schacht vollendeten das Werk 1711. Anders als geplant, installierte man die Bernsteinvertäfelung aber nicht in Charlottenburg, sondern verschönerte damit die Wände des Tabakkabinetts – ein Eckraum im dritten Stock des erweiterten Stadtschlosses.

Das Unternehmen war nicht gerade billig: bekannt für seinen aufwendigen höfischen Lebensstil gab Friedrich I. 30 000 Reichstaler für die Herstellung des repräsentativen Kleinods aus und trug damit fast zum Ruin des Staatshaushalts bei. Das eigentliche Bernsteinzimmer, wie es von historischen Fotos und durch zeitgenössische Berichte bekannt ist, war erst circa 50 Jahre später vollendet.

Als der russische Zar Peter der Große, 1713 Berlin besuchte, blieb seine Bewunderung für dieses wertvolle Kunstwerk dem neu inthronisierten „Soldatenkönig" Friedrich Wilhelm I. (Sohn Friedrichs I.) nicht verborgen. Darauf bedacht, die territorial ausgedehnte und unzusammenhängende Monarchie politisch durch die Einführung eines stehenden Heeres und durch eine ökonomische Verwaltung zu stabilisieren, versuchte

*„Der Große Kurfürst", Friedrich Wilhelm von Brandenburg (1640–1688), war ein Liebhaber der Bernsteinkunst. Er widmete sich der Bernsteindreherei und förderte die Wertschätzung des Bernsteins an anderen europäischen Höfen. Auch sein Sohn Friedrich III., Kurfürst von Brandenburg, der sich 1701 als Friedrich I. zum König in Preußen ernannte, war ein Förderer der Künste und gab 1701 das Bernsteinkabinett in Auftrag.*

Das Bernsteinzimmer

*Dieses Foto von 1938 zeigt einen Teil des Bernsteinzimmers im Jekaterinen-*
*palais, der Sommerresidenz der russischen Zaren, in Zarskoje Selo. Katha-*
*rina II. hatte die Bernsteinvertäfelungen mit weiteren Ergänzungen hier*
*anbringen lassen, nachdem diese schon 1717 als Geschenk Friedrich Wil-*
*helms I. nach Rußland gelangt waren.*

Friedrich Wilhelm, auch durch Einsparungen im
Bereich der Künste, den Staatsbankrott durch den ehemals verschwenderischen Lebensstil seines Vaters abzu-
wenden und den maroden Staatshaushalt zu konsoli-
dieren. Dem Wunsch des Zaren, das Bernsteinkabinett
zu besitzen, konnte sich Friedrich Wilhelm I. offenbar
nicht entziehen, zumal er auf russische Unterstützung
bei der Vertreibung der Schweden hoffte, die seit dem
Westfälischen Frieden von 1648 die von Preußen bean-
spruchten Gebiete Vorpommern und Rügen besetzt
hielten.

Er schenkte das Bernsteinkabinett dem Zaren und ließ
die Vertäfelung verpacken. 1717 ordnete der Zar während einer Reise nach Amsterdam den Abtransport der
Kisten an. Über Memel und Riga ging die wertvolle
Fracht nach Sankt Petersburg. Im Gegenzug schickte
der Zar 55 „Lange Kerls", Soldaten für die preußische
Garde, die alle an die zwei Meter groß waren. Peter I.
hätte ihm kein angemesseneres Gegengeschenk machen
können. Die Leidenschaft des Königs für seine Riesen-
Garde war bekannt.

Das Bernsteinkabinett wurde auf Anordnung Peters des
Großen im Winterpalais und später im Neuen Palais
aufgestellt. Einige Jahrzehnte später ließ Katharina II.,
die spätere Zarin (1762–1796), die Bernsteinwände
1755 ins 20 Kilometer südlich von Sankt Petersburg
gelegene Zarskoje Selo, die Sommerresidenz der Zaren,
bringen. Für die Installierung in einem Zimmer des
dortigen Jekaterinen-Palais beauftragte Katharina II.
den kaiserlichen Hofarchitekten Bartolomeo Francesco
Rastrelli d. J. mit der Anfertigung eines den größeren
Raummaßen entsprechend erweiterten Entwurfs. Mit
Hilfe des Bildhauers Alessandro Martelli ergänzte der
Hofarchitekt die Bernsteinpaneele in den folgenden
acht Jahren um 20 venezianische Spiegel, vergoldete
Holzornamente im Stil des Rokoko, vier florentinische
Steinmosaiken und weitere Bernstein-Elemente.

Nach dem letzten Schliff durch Bernsteinkünstler aus Königsberg war das Kunstwerk 1763 fertiggestellt. Aus dem ehemaligen Bernsteinkabinett war nun das noch prunkvollere Bernsteinzimmer geworden. Besucher bewunderten fasziniert diesen oft als achtes Weltwunder bezeichneten Raum. Der besondere Farbton, der von dem hellen und dunklen Bernstein ausging, soll dem Zimmer einen warmen Glanz und einen besonderen Reiz verliehen haben. Die Spiegel und vergoldeten Leuchter steigerten diese Pracht, die weder bei Sonnenschein noch bei Kerzenlicht aufdringlich gewirkt haben soll.

234 Jahre lang blieb das goldgelbe Kleinod – seit seiner ursprünglichen Fertigstellung in Berlin – erhalten. 182 Jahre war das Bernsteinzimmer in Zarskoje Selo eine Augenweide für Staatsgäste und Höflinge, und später, nach der Oktoberrevolution 1917, wandelten Sowjetbürger durch die Hallen des zum Museum umgebauten Jekaterinen-Palais und bestaunten die Schätze der gestürzten und ermordeten Zarenfamilie.

1941 nahte das Ende des Bernsteinzimmers. Die deutsche Wehrmacht war nach dem Überfall auf die Sowjetunion bis nach Zarskoje Selo, das seit 1937 Puschkin heißt, vorgedrungen. Der Besetzung Puschkins durch deutsche Truppen folgte der „Einsatzstab Rosenberg", dem Historiker und Kunstwissenschaftler angehörten. Ihre Aufgabe war es, die Kunstwerke in den besetzten Gebieten „sicherzustellen". 1942 wurde die Sicherstellung des einstmaligen Geschenks angeordnet. Das Bernsteinzimmer wurde demontiert, in Kisten verpackt und nach Königsberg gebracht.

Unter der Leitung des Königsberger Museumsdirektors Alfred Rohde, eines der damals führenden Bernstein-Experten Europas, wurde das Bernsteinzimmer im Schloß wieder aufgebaut. Er hatte dafür mehrere Räume des Königsberger Schlosses in einen großen Saal umbauen lassen, um das Bernsteinwunder in seiner

*Gottfried Turow war ein Meister der Bernsteinschnitzkunst. Er fertigte diese aufwendig gearbeitete Bernsteinschatulle Anfang des 18. Jahrhunderts und war Mitgestalter des Bernsteinkabinetts im Auftrag Friedrichs I.*

Gesamtheit der Öffentlichkeit zu präsentieren. 1944, nach den ersten schweren Bombenangriffen auf Königsberg, wurde das Kunstwerk abermals in Kisten verstaut und im Kellergewölbe des Schlosses gelagert. In einer der letzten Bombennächte, Anfang 1945, wurde das Schloß schwer getroffen und in Brand gesetzt. Dabei sollen auch die Kisten mit dem wertvollen Inhalt verbrannt sein. Doch diese Vermutung konnte bisher nicht bewiesen werden. Augenzeugen, die Alfred Rohde am Morgen nach der Brandnacht gesehen haben, berichteten von einem völlig fassungslosen Direktor, der die zerstörten Kisten gesehen habe und nur noch feststellen konnte, daß das Bernsteinzimmer nicht mehr existierte. Andere Zeugen versicherten glaubhaft, die Kisten sollen unbeschädigt kurz vor der Einnahme Königsbergs auf Lastwagen geladen und Richtung Pillau, zum letzten offenen Hafen, in Sicherheit gebracht worden sein. Von dort aus könnte die Fracht den Seeweg angetreten haben – doch wo ist sie angekommen?

Mit dieser Frage beschäftigten sich seit Kriegsende auch die Geheimdienste verschiedener Nationen. Die Jagd nach dem „achten Weltwunder" ist ein ergiebiger Stoff für Romane und Thriller, mit dem sich auch die Schriftsteller George Simenon und Julian Semjenow beschäftigten. Hunderte von Schatzsuchern und Hobbytauchern waren bisher zu Land und zu Wasser auf erfolgloser Suche. Stillgelegte Bergwerkstollen und Schiffswracks auf dem Grund der Ostsee sind untersucht und begutachtet worden, ohne einen konkreten Hinweis auf den Verbleib der Kisten aus Königsberg preiszugeben. Dabei haben einige Schatzsucher ihr gesamtes Vermögen verloren und andere ihren Eifer mit dem Leben bezahlt.

Auch die Öffnung der Stasi-Archive und Untersuchungen von russischen Geheimdienstdokumenten durch Kunsthistoriker und Sachverständige blieben ergebnislos. Von Seiten der KGB-Nachfolger sind alle Suchaktionen offiziell eingestellt worden. Eine Vermutung, nach der die Kisten mit den Bernsteinpaneelen gar nicht den Hafen Pillaus erreicht haben, sondern während eines Fliegerangriffs auf halbem Wege im Moor versenkt worden sind, müßte noch überprüft werden. Wahrscheinlich bleibt das Bernsteinzimmer für immer verschollen – oder vielleicht doch nicht?

Auf private Initiative arbeiten seit 1979 Handwerker an der Rekonstruktion des Bernsteinzimmers. Anhand von historischen Fotos, Zeichnungen und Plänen soll, mit staatlicher Unterstützung, die alte Pracht neu entstehen. Die ersten Teilstücke sind bereits fertiggestellt. Das Können eines Spezialistenteams in Puschkin und der Einsatz von modernem Handwerksgerät lassen die Hoffnung nicht unbegründet erscheinen, daß in Zukunft wieder ein Bernsteinzimmer zu bewundern sein wird.

Der angestrebte Termin der Fertigstellung im Jahr 1990 erwies sich aber als nicht haltbar, denn die aufwendige Rekonstruktion geht nur langsam voran. Die Grauwerte der Schwarz-Weiß-Fotos müssen entschlüsselt werden, um diese in die Bernsteinfarbe zu übertragen. Geeignete Rohbernsteinstücke können nach ihrer künstlerischen Gestaltung mit Hilfe eines speziellen Ofens in eine bestimmte Farbe verändert werden. Der Originalfarbton soll möglichst genau getroffen werden. Bis das Zimmer fertig ist, müssen die Kunsthandwerker noch gut eine Tonne Bernstein bearbeiten. Allerdings können sie den Bedarf nicht, wie ihre frühen Kollegen, aus einem schier unerschöpflichen Reservoir feinster Bernsteinsorten decken. Der Nachschub aus dem Samland fließt spärlich, und das Geld ist knapp. Es wird wohl noch einige Jahre dauern, bis das neue Bernsteinzimmer der Öffentlichkeit präsentiert werden kann.

# Unruhige Zeiten

Bis ins 18. Jahrhundert hatte man Bernstein neben seinem ästhetischen Reiz auch eine magische Wirkung zugesprochen. Das Wissen des Plinius und des Tacitus aus der Antike wurde seit langem ignoriert. Mythen und kuriose Geschichten bildeten einen undurchdringlichen Schleier aus Geheimnissen und Aberglauben um den Bernstein.

Das Bernsteinzimmer in Zarskoje Selo war das letzte große künstlerische Werk aus dem wertvollen Material. Neue naturwissenschaftliche Erkenntnisse, die Forderung nach logischen Erklärungen, besonders aber die Weiterentwicklung von Chemie und Physik, stellten auch den Bernstein in einen sachlichen Zusammenhang. Aufgeklärt und verunsichert kehrten sich die letzten fürstlichen Auftraggeber Ende des 18. Jahrhunderts von diesem Material ab, das sie einst für außergewöhnlich hielten und suchten nach neuen Möglichkeiten, ihren Reichtum zu präsentieren. Bernstein war nun als versteinertes Baumharz „entmystifiziert".

1811 wurde das Bernsteinregal von Friedrich Wilhelm III. an ein Konsortium verpachtet. Auf diese Weise konnte der Staat ohne wirtschaftliches Risiko seine Rohstoffe verkaufen. Mit hohem Kapitalaufwand betrieben die Pächter die Bernsteinförderung äußerst gewinnbringend, und große Mengen wurden an schmuckverarbeitende Betriebe verkauft und dort weiterverarbeitet. Breitere Bevölkerungsschichten interessierten sich nun dank sinkender Preise für das „Gold des Meeres". Begüterte Bauern und das wohlhabende Bürgertum entdeckten den Bernstein für ihre Repräsentationszwecke. Besonders gefragt waren schwere Brautketten, für die vorzugsweise polierter dunkler, klarer Bernstein verwendet wurde. Mit einem aufwendigen und kostbaren Facettenschliff versehen, waren die Bückeburger Brautketten oft einige Kilogramm schwer und stellten den Reichtum einer Frau augenscheinlich dar.

*Bückeburger Halsband aus facettiertem klarem Bernstein mit einem Schloß aus Silber, auf dem die Initialen der damaligen Eigentümerin eingraviert sind. Solche Bernsteinbänder und -ketten bis zu 120 Zentimeter Länge kamen bei reichen Bürgern und Bauern in Mode, nachdem Bernstein als fossiles Harz erkannt worden und für den Adel nur noch von geringem Interesse war.*

Im Zuge der industriellen Erschließung des Samlands stieß man immer wieder auf neue Bernsteinvorkommen. Bereits 1855 meldete der Hafenbauinspektor von Memel, daß bei den Arbeiten zur Verbreiterung der Fahrrinne im Kurischen Haff bei Schwarzort immer wieder Bernstein im Baggergut gefunden würde. 1862 erhielt die Firma Stantien & Becker die erste Lizenz, mit schwerem Gerät im Kurischen Haff nach Bernstein zu baggern. Es entstand eine weltweit einmalige Bernsteinindustrie. Rohstofförderung, Sortierung und Verarbeitung von Bernstein zu Schmuck und Lack beschäftigten täglich einige tausend Menschen.

1899 verkauften Stantien & Becker ihr Bernsteinimperium einschließlich aller Immobilien und Handelseinrichtungen an den preußischen Staat. Die staatlichen königlichen Bernsteinwerke zu Königsberg und später, ab 1924, das Unternehmen Preussag führten den Bernsteinbetrieb weiter.

Während die Firma Stantien & Becker an den Küsten des Samlands neue Rekordmengen Bernstein förderte, gelang es bereits im Jahr 1881 zwei Wiener Firmen, Preßbernstein herzustellen. Dieses aus kleinsten Bernsteinstücken und bisher unbrauchbaren Qualitäten hergestellte Material galt qualitativ als ebenso gut und schön wie der Naturbernstein und trat nun in direkte Konkurrenz zum traditionell verarbeiteten Schmuckstein. Stücke von makelloser Qualität ließen sich in beliebiger Menge und Größe preisgünstig herstellen.

Preßbernstein wurde aufgrund seiner außergewöhnlichen Eigenschaften auch in der Industrie eingesetzt. Wegen seiner hohen konstanten Isolierfähigkeit gegen Wärme, Kälte und Elektrizität benutzte man das Material für Isolatoren in Physik und Chemie. Reagenzgläser, Schalen, Kolben, Tiegel und anderes aus Preßbernstein sind selbst im siedenden Wasserbad gegen konzentrierte Flußsäure und konzentrierte Kalilauge beständig. Weitere Absatzmöglichkeiten für Preßbernsteinartikel

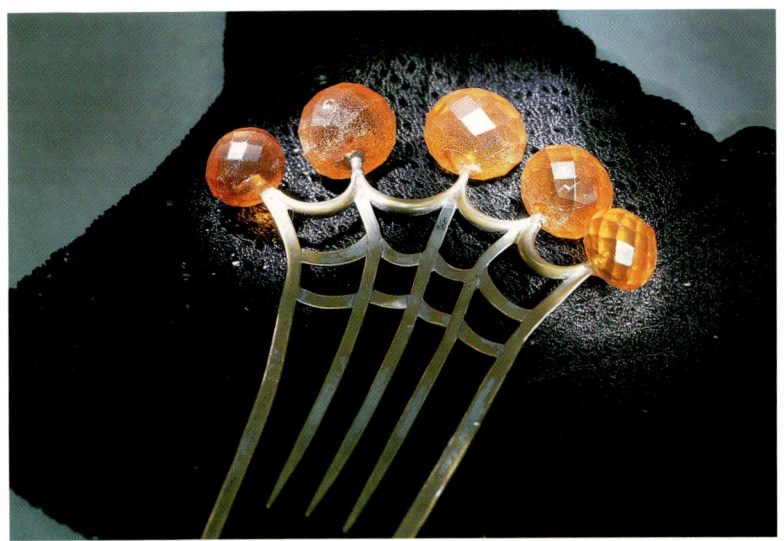

Der Steckkamm zur Befestigung eines Haarknotens (Messing, versilbert, um 1830) ist Teil der damals volkstümlichen Kleidung in Ostpreußen. Auch andere Accessoires wie Knöpfe waren aus Bernstein gefertigt.

boten zum Beispiel die Rauchutensilien gutbürgerlicher Herren. Begehrt waren Zigaretten- und Zigarrenschachteln, Aschenbecher und Zigarettenspitzen, die sich vorzüglich und billig pressen ließen. Facettierte Bernsteinperlen waren, im Preßverfahren angefertigt, um ein Vielfaches billiger herzustellen und von einem Laien nicht von Naturbernstein zu unterscheiden, zumal der Handel den günstigeren Einkaufspreis nicht an die Kunden weitergab.

Aber der Markt war durch die modernen Produktionsmethoden schnell gesättigt. Das Angebot an Preßbernstein und Naturbernstein wurde schließlich so unübersichtlich und groß, daß mit abnehmendem Seltenheitswert auch das Interesse schwand. Die Folgen des Ersten Weltkriegs, politische Unruhe, wirtschaftliche Depression und soziale Spannungen führten zu einer nationalen und internationalen Absatzkrise von Bernsteinprodukten. Die traditionelle Herstellung von Lackrohstoffen mußte wegen mangelnder Nachfrage fast gänzlich eingestellt werden, denn Lackbasen aus Kopal und Kunstharze waren wesentlich billiger.

1926 schlossen sich fünf führende bernsteinverarbeitende Fabriken unter Beteiligung der Preussag zur „Staatlichen Bernsteinmanufaktur GmbH" in Königsberg zusammen und produzierten für den Export bestimmte einfache Bernsteinwaren. Dazu gehörte zunächst die Herstellung von Massenartikeln wie Schmuckstücken und kleinen Gebrauchsgegenständen. Die künstlerische Leitung der Manufaktur wurde 1934 Jan Holschuh übertragen. Für den zentral geleiteten und organisierten Vertrieb wurde eine Vertriebsgesellschaft gegründet. Die Unternehmen waren nicht ohne Erfolg. Die Produktion erfreute sich allgemeiner Beliebtheit und traf den Geschmack der Zeit. Sie mußte sich aber gegen Bernsteinimitationen aus neuen Kunststoffen wie Bakelit durchsetzen, die in immer größerem Umfang auf den Markt drängten.

*Schmuckgarnitur vom Ende des 19. Jahrhunderts, bestehend aus Kette, Brosche und zwei Hutnadeln. Durch den gedrehten Rillenschliff der ovalen Perlen reflektiert das Licht im Bernstein auf besondere Weise – es scheint, als würden die Perlen leuchten.*

Nach der Machtergreifung der Nationalsozialisten erklärte Adolf Hitler Bernstein zum „Stein der Deutschen" und erließ 1934 das „Gesetz zum Schutze des Bernsteins". Diese Verfügung sollte sowohl den Naturbernstein als auch den Preßbernstein gegen gefälschte Handelswaren und Nachahmungen aus Kunststoff schützen. Nach der Pariser Weltausstellung 1937 erhielt die Staatliche Bernsteinmanufaktur auch zahlreiche Aufträge aus der Berliner Reichskanzlei. Ehrenpreise für Sportfeste wurden ebenso bestellt und angefertigt wie Dokumentenrollen aus Silber und Bernstein. Selbst das damals noch junge Modehaus Dior entdeckte den Bernsteinschmuck als Accessoire und schickte seine Mannequins damit auf den Laufsteg. Spender für das Winterhilfswerk erhielten eine kleine Nadel mit einem Stück Rohbernstein als Symbol nationaler Solidarität und Hoffnung.

Gegen Ende des Krieges geriet auch die Bernsteinindustrie in eine Absatzkrise, und die Produktion kam nach dem Verlust der deutschen Ostgebiete bei Kriegsende vorübergehend völlig zum Erliegen.

Natürlich wurde Bernstein auch immer von Künstlern und Kunsthandwerkern verarbeitet. In den dreißiger Jahren versuchten einige Goldschmiedekünstler wie Tony Koy, Herbert Zeitner, Emil Lettré und seine Kollegin Gemma Wolters-Thiersch, die auf der Burg Giebichenstein in Halle für die Umsetzung der Tradition des Bauhauses arbeitete, eine neue materialgerechte Formengebung und Verarbeitung zu finden. Aus diesem Ansatz entstanden Gestaltungsimpulse und Produkte, die jenseits der beliebigen Massenware standen. Nach Kriegsende war „der deutsche Werkstoff" Bernstein bei vielen Künstlern ein geächtetes Material, da er mit dem Makel der nationalsozialistischen Propaganda behaftet war. Jahrzehntelang war kaum eine neue Regung bei der Formengestaltung des Bernsteins zu bemerken. Viele Bernsteinfabriken stellten die gleichen, teilweise

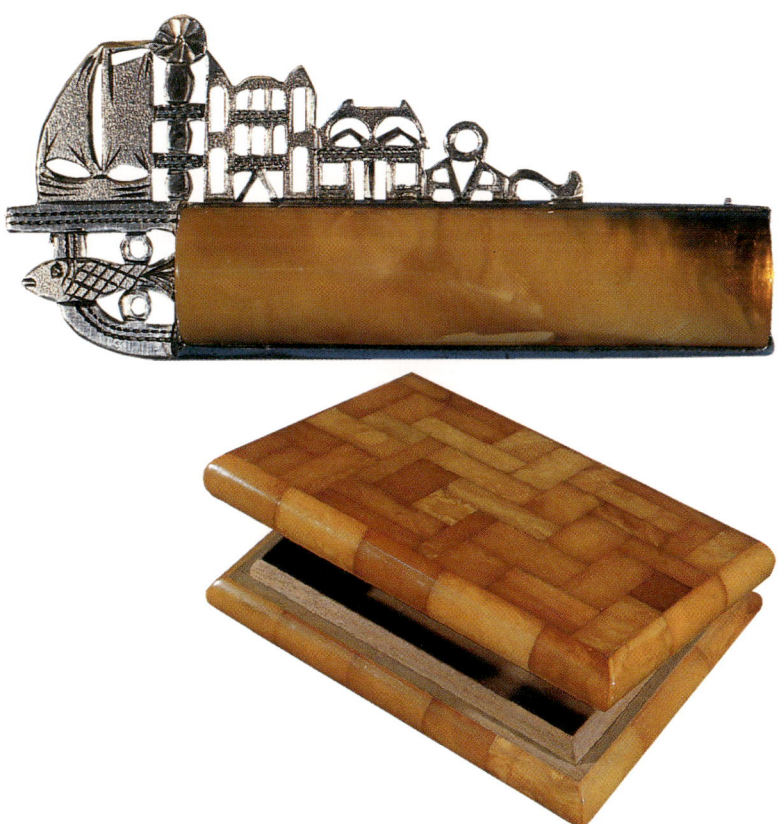

Diese Brosche aus Bernstein und Silber, entstanden in
den 1930er Jahren, ziert ein kleiner Kurenwimpel. Die
Fischer am Kurischen Haff benutzten einen besonderen Bootstyp, der an das flache Wasser angepaßt war.
Die Mastspitze der Kurenkähne krönten die kunstvoll
gearbeiteten Kurenwimpel aus Holz, die Aufschluß
über die Herkunft der Fischer gaben (oben).
In solchen Bernsteinkästchen (um 1935) der Staatlichen Bernsteinmanufaktur Königsberg, für diese Zeit
typische Massenartikel, wurden häufig Zigaretten oder
Zigarren aufbewahrt (unten).

schon vor dem Krieg erprobten Formen her, so daß für den Liebhaber gehobenen Kunsthandwerks kaum ein Kaufreiz bestand. Dazu kam die Schwierigkeit der Rohstoffbeschaffung für Einzelpersonen und kleine Firmen. In der Zeit des Kalten Krieges floß der Bernsteinnachschub aus dem ehemaligen Ostpreußen nur spärlich, auf russischer Seite war man nicht daran interessiert, große Mengen zu fördern und zu exportieren. Ein großer Teil des damaligen Bernsteinangebots stammte aus der DDR. Schon seit den dreißiger Jahren ist der Fischlandschmuck bekannt, der später in einem großen Kombinat in Ribnitz-Damgarten angefertigt wurde. Mit der steten Erweiterung der Handelsbeziehungen zum damaligen Ostblock und dessen gestiegenem Bedarf an westlichen Devisen, begann auch der Rohbernsteinexport in westliche Länder zu steigen. Seit den achtziger Jahren gibt es auch industriell gefertigten Schmuck, der den Bernstein in neuen Fassungen und modernen Schliffformen präsentiert.
Neben dem Industrieschmuck steht traditionell das gestaltende Handwerk der Gold- und Silberschmiede. Die künstlerische Ausprägung jedes Meisters ist einzigartig, und in vielen Werkstätten entstehen Unikate und kleine Serien. In einigen Küstenorten an Nord- und Ostsee arbeiten wieder Bernsteinschleifereien und bieten ein breites Sortiment an. Besonders glücklich schätzen sich Strandwanderer, die selbst einen Bernstein finden, den sie von kundiger Hand zu einem individuellen Schmuckstück verarbeiten lassen können. Immer wird der Finder einen besonderen Moment mit seinem Schatz verbinden, der ihn als Souvenir begleitet und erfreut.

Die Staatliche Bernsteinmanufaktur Königsberg fertigte neben Massenware auch Einzelstücke, die von Künstlern entworfen wurden. Für die SBM arbeiteten mehrere Künstler, die eine Präsentation des Bernsteins in Kombination mit Edelmetallen erfolgreich umsetzten. Dieser Silberteller (Durchmesser 27,5 cm) mit einem leicht gewölbten Bernstein in der Mitte wurde von Hermann Brachert (1890–1974) gestaltet. Er war Leiter der Abteilung Bildhauerei und Goldschmiedekunst an der Staatlichen Kunst- und Gewerbeschule in Königsberg.

# Bernstein als Heilmittel

Aus Steinzeitfunden läßt sich schließen, daß schon die damaligen Menschen an eine besondere Wirkung des Bernsteins glaubten. Ein so eigenartiges Material, steingleich – doch viel leichter, brennbar und wohlriechend, vielfarbig und leuchtend, mußte besondere Kräfte enthalten. Die Schönheit des Bernsteins hat die Menschen so nachhaltig beeindruckt, daß dem fossilen Harz bis in die Gegenwart ausschließlich positive Wirkungen zugesprochen wurden.

Die ersten schriftlichen Überlieferungen über die Heilwirkung des Bernsteins stammen aus der Antike. Wahrscheinlich waren es auch seine elektromagnetischen Kräfte, die Ärzte an besondere Heilkräfte des Bernsteins glauben ließen. Mit diesem Bernsteinmagneten konnte man alle krankheitsverursachenden giftigen Säfte und Stoffe aus dem Körper ziehen und das Blut reinigen. Bernstein-Arzneien mit unterschiedlichen Rezepturen waren bekannt. Plinius schrieb dazu im 37. Band seiner „Naturalis Historia": „Den Bernstein Kindern als Amulett umzubinden, ist ganz gut." Callistratus (ein anderer römischer Gelehrter) versichert sogar, daß er in jedem Alter gegen den Wahnsinn helfe, sowie gegen Harnbeschwerden, mag er nun (pulverisiert?) getrunken oder als Amulett getragen werden. Dieser (Callistratus) hat auch eine Nuancierung aufgebracht, die er Chryselektrum nennt, weil es goldfarbig und beim Frühlicht von höchst angenehmem Anblick sei, auch sehr feuergefährlich und leicht entzündlich. Dieses, um den Hals gebunden, helfe gegen Fieber und Krankheiten, mit Honig und Rosenöl zerrieben gegen Ohrenkrankheiten, und wenn es mit attischem Honig zerrieben werde, auch gegen Augenschwäche, sogar gegen Magenbeschwerden, sowohl sein Reibmehl allein, als auch mit Mastix in Wasser getrunken.

Im Mittelalter zählte Bernstein zu den sechs Medikamenten von größter Wirksamkeit. Man glaubte an die besonders heilenden Eigenschaften des Weißen Bern-

*Beim Schleifen von Rohbernstein im Trockenverfahren entsteht ein feines Pulver. Da dem Bernstein schon seit Jahrtausenden Heilkräfte zugeschrieben werden, wird er in pulverisierter Form zur Herstellung verschiedener Arzneien verwendet.*

steins, auch Knochenbernstein genannt. So verbot der
Deutsche Orden, der das Bernsteinregal erlassen hatte,
mit dem Weißen Bernstein zu handeln. Er wurde
gesammelt und nur an Krankenhäuser und Apotheken
verkauft.

Herzog Albrecht von Preußen schickte an den leiden-
den Martin Luther ein großes Stück Knochenbernstein
mit den Wünschen, daß der gute Stein die bösen (Nie-
ren-)Steine vertreiben möge. Gegen die Pest verbrannte
man Räucherpulver. Diese Mischung aus Bernstein,
Kampfer und Erdwachs wurde über glühende Kohlen
gestreut und sollte die Pestkranken in den Siechenhäu-
sern heilen. Den mittelalterlichen Alchimisten gelang
mittels Trockendestillation die Gewinnung von Bernsteinsäure, die man als Bernsteinsalz bezeichnete. Beim
Ausräuchern eines Hauses entwickelte es einen derart
bestialischen Gestank, daß die Ratten, Hauptüberträger
der Pest, aus der Umgebung vertrieben wurden. Bernsteinrauch sollte auch vor Dämonen und Hexen schützen und böse Geister vertreiben.

Noch lange nach dem Mittelalter gab es kaum eine
Apotheke, die nicht Bernsteinpulver, Bernsteinöl oder
Bernsteinsäure in ihrem Heilmittelbestand verwahrte.
In Zedlers Universallexikon von 1733 ist Bernstein
lobend erwähnt: „In der Arznei hat Succinum wegen
seines flüchtigen Salzes und seines balsamischen Öles
eine besondere Kraft, die scharfe salzige Lympham zu
zerteilen und zu besänftigen und dahero alle Flüsse und
daherrührende Krankheiten zu heben, als da sind der
ganze und der halbe Schlag, die Schlafsucht, Krämpfe
und schwere Not im Leibe."

Interessant ist auch die Verwendung von Bernstein in
der Optik. Bereits 1691 stellte man Linsen aus entfärb-
tem, durchsichtigem Bernstein her. Die größte Linse
hatte einen Durchmesser von 55 Zentimetern. Hin-
sichtlich der Qualität waren sie besser als das schwere
Glas, das häufig mit Schlieren und Luftblasen durch-

*Bis ins 20. Jahrhundert verarbeiteten Apotheken Bernstein zu Arzneimitteln.
Schon in der Antike wurde er mit Mörsern zu feinem Pulver gerieben und
z. B. gegen Magenbeschwerden eingenommen. In der Homöopathie ist
Bernstein auch heute noch ein offizielles Arzneimittel.*

setzt war. Lediglich an Härte mangelte es dem versteinerten Harz, was besonders bei Bernsteinbrillen nachteilig war. Auch medizinisches Gerät stellte man aus Bernstein her. Für die Blutübertragung hatte man vorher Geräte aus Paraffin benutzt. Durch die Erfindung des Preßbernsteins konnten nun Gefäße angefertigt werden, die gleichzeitig die Hämolyse verhindern, den Zerfall der roten Blutkörperchen. Auch Transfusionsspritzen und Blutaufbewahrungsgefäße aus Preßbernstein waren im Gebrauch, um das Gerinnen des Blutes zu verhindern. Im neunten Teil der „Allgemeinen Encyclopädie der Wissenschaften und Künste" von den Professoren Ersch und Gruber aus dem Jahr 1822 kann man über die offizinelle Verwendung des Bernsteins und der Bernsteinsäure lesen, daß unter anderem Mischungen mit Moschus, Arnika oder Opium wegen besonderer Wirkungen angerührt wurden. Bernstein empfahl sich als Wundenbalsam, als Zusatz zu trockenen Dampfbädern, gegen Krämpfe, gegen verschiedene Frauenkrankheiten, gegen rheumatische und andere Schmerzen, gegen Rachitis, Schwindsucht, Typhus – kurz: der Bernstein war ein Allheilmittel.

Drei Bernsteine, direkt am Körper getragen, sollten vor Gicht und Rheuma schützen und die Schmerzen lindern. Noch heute gibt man den Kindern eine Bernsteinkette zum Beißen, um ihnen das Zahnen zu erleichtern. Spezielle Bernsteintropfen in homöopathischen Lösungen können aus der „homöopathischen Apotheke" in Warschau bezogen werden. Dieses Heilmittel wird gegen rheumatische Schmerzen und bei Nervenschmerzen angewendet.

Auch in Deutschland wird Bernstein als homöopathisches Mittel verschrieben. Unter dem Namen *Acidum Succinicum* wird die Bernsteinsäure, wie in der Homöopathie üblich, gegen die Ursachen individueller Beschwerden im Zusammenhang mit dem Gesamtbefinden des Menschen eingesetzt.

*Nur selten werden heute noch so große Bernsteinstücke gefunden und verarbeitet. Durch die eiszeitlichen Umlagerungen und extreme Temperaturschwankungen brachen viele große Bernsteine entzwei.*

# Rund um den Echtbernstein

*Folgende Doppelseite: Naturbernstein kommt selten in identischer Farbe vor. Doch darin liegen der Reiz und die Einmaligkeit des Materials. Der Schmuckhandel bevorzugt dagegen umgewandelte Bernsteine, die klargekocht, antikisiert und mit „Sonnenflinten" (kleine, fast kreisrunde Rißbildungen) versehen wurden. Vielen ist nur dieses Material, auch als „Echtbernstein" bezeichnet, bekannt.*

Dem interessierten Bernsteinliebhaber stellt sich häufig die Frage nach dem Unterschied zwischen Echtbernstein und Naturbernstein – was ist Preßbernstein oder Polybern? Welche Prüfmethode läßt eine sichere Unterscheidung des Bernsteins von anderen Materialien zu? Und wieder ist es Plinius, der im 37. Buch seiner „Naturalis Historia" über Färbetechniken von Bernstein aufklärt: „… es ziemt sich, auch bekannt werden zu lassen, daß die Bernsteinstücke mit Ziegenbockstalg und Alkanna-Wurzel so gefärbt werden, wie immer man es wünscht, selbstverständlich auch schon mit Purpur." Und an anderer Stelle: „Bernstein spielt auch beim Nachmachen durchsichtiger Edelsteine eine Rolle, speziell der Amethyste, zumal er, wie gesagt, in jeder beliebigen Farbe gefärbt zu werden vermag."

In den dreißiger Jahren des 20. Jahrhunderts hat auch die Staatliche Königsberger Bernsteinmanufaktur Bernstein eingefärbt. Allerdings lassen die Farben Grün und Rot eine schnelle Bestimmung zu und deuten auf Preßbernstein hin. Auch heute bedient sich die Bernsteinindustrie vielerlei Tricks, um dem Geschmack der Käufer gerecht zu werden. Die Bezeichnung „Naturbernstein" ist der Hinweis auf ein naturbelassenes Bernsteinprodukt, sei es Schmuck oder ein anderer Gegenstand. Gegenüber Rohbernstein, der noch seine Verwitterungskruste trägt, ist Naturbernstein lediglich geschliffener und polierter Bernstein, an dem keine künstlichen Veränderungen in Struktur oder Farbe vorgenommen wurden. Im Gegensatz zu Naturbernstein ist die Bezeichnung „Bernstein" kein Indikator für ein unverändertes Naturprodukt. Häufig wird Naturbernstein durch Hitzeeinwirkung verändert. Da nur circa fünf Prozent des geförderten Bernsteins von Natur aus klar sind, der klare Bernstein aber beliebter ist als der häufigere flumige, trübe Naturstein, kocht man diese Stücke in Rüböl oder Leinsamenöl. Durch das langsame Erwärmen in diesen Ölen, die ungefähr den gleichen

*Preßbernstein, hier in Stangenform und in verschiedenen Farben, kann nur unter hohem Druck und bei großer Hitze aus Staub und Resten von Natur- bernsteinen hergestellt werden. Die abgebildeten Produkte stammen aus einer Danziger Fabrik.*

Lichtbrechungsindex haben wie Bernstein, wird eine von außen nach innen fortschreitende Klärung erreicht. Luft und Feuchtigkeit in den Bläschen, die die Trübungen verursachen, weichen dem eindringenden Öl. Dieses Verfahren kann mehrere Tage dauern, denn zu starke Temperaturschwankungen beim Erhitzen und Abkühlen können bei großen Stücken zu unerwünschter Rißbildung führen. Diese „klären" oder „klarkochen" genannte Technik ist in ähnlicher Form schon lange bekannt. Im 37. Buch der „Naturalis Historia" beschreibt Plinius das antike Verfahren: „Archelaus, Regent in Cappadozien, hat von dort mitgeteilt, daß der Bernstein in rohem Zustand mit noch daran hängender Fichtenrinde aus Indien gebracht und zur Verfeinerung im Fett eines Ferkels gekocht wird."
Kleine, fast kreisrunde Rißbildungen sind dagegen sehr beliebt. Diese *Sonnenflinten, Sonnensprünge* oder *Blitzer,* die ebenfalls bei Temperaturschwankungen während des Klärungsprozesses entstehen, werden vom Laien häufig mit Schuppen oder Blütenresten verwechselt und für ein Echtheitsmerkmal des Naturbernsteins gehalten. Sonnenflinten kommen in unbehandeltem Naturbernstein nur äußerst selten vor. Durch geschickte Temperaturregelung ist es sogar möglich, Anzahl und Größe der Blitzer zu beeinflussen, oder ganz zu verhindern. Normalerweise sind die durch natürliche Temperaturschwankungen entstandenen Sonnenflinten in Naturbernstein hell, kreisrund und besitzen eine gefächerte Textur. Nur selten zeigen sie eine dunklere Randbegrenzung oder eine durchgehend braune Farbe.
Nach dem Schleif- und Klärungsprozeß ist der behandelte Bernstein meistens von hellgelber Farbe. Durch „antikisieren", was einer durch natürliche Oxydation hervorgerufenen farblichen Veränderung der Oberfläche durch Alterung im Zeitraffer entspricht, läßt sich ein warmer Braunton herstellen. Dazu erhitzt man das Material in einem elektrischen Ofen, diesmal in gerei-

nigtem Sand. Nach mehreren Stunden bei circa 100 Grad Celsius hat der Bernstein die neue Farbe angenommen.

Preßbernstein wird im Handel „Echtbernstein" oder „Echter Bernstein" genannt. Mit „Echtbernstein" ist also nicht der natürlich entstandene Bernstein gemeint. Vielmehr handelt es sich beim Preßbernstein um ein Produkt, das aus Schleifresten und kleinen Stücken hergestellt wird. Preßbernstein ist auch unter dem Namen *Ambroid* im Handel.

Die Bezeichnung „Preßbernstein" ist auf dessen Herstellungstechnik zurückzuführen: Gereinigte Bernsteinbröckchen werden nach dem Erwärmen unter starkem hydraulischen Druck zusammengepreßt. Eine besondere Eigenschaft des Bernsteins ist es, bei Erhitzung auf 200 bis 250 Grad Celsius unter Luftabschluß in den äußeren Schichten so zu erweichen, daß er sich unter Druck zu einer kompakten Masse pressen läßt. Durch einen siebartigen Stahlboden getrieben, wird die stangen- oder blockförmige Masse bei bis zu 3000 Atü Druck verfestigt. Je nach Stärke der Erhitzung und der Höhe des Drucks sind unterschiedliche Farbtöne von hellgelb bis braun und klares oder opakes Material herstellbar, das ähnlich wie Naturbernstein zu verarbeiten ist.

Auch Preßbernstein läßt sich antikisieren und weist nach dieser Behandlung die typischen Blitzer auf. Daneben gibt es im Handel noch den „Echtbernstein extra". Aufgrund seiner unregelmäßigen Blitzer und seiner geringeren und feingliedrigen Schlierenverteilung ist er visuell kaum vom Naturbernstein zu unterscheiden und nur mit gemmologischen Untersuchungsmethoden eindeutig zu bestimmen.

Naturbernstein kann auch mit Kopal verwechselt werden. Kopal ist ein Sammelbegriff für rezente junge und subfossile Harze verschiedener Fundorte mit einem Alter von „nur" 10 000 bis zu fünf Millionen Jahren. Baumarten, die Kopal produzieren, existieren zum Teil noch heute. Die Fundmengen von Kopal sind ungleich größer als die von Bernstein, was einen so erheblich günstigeren Preis zur Folge hat, daß auch Bernsteinfälschungen aus Kopal im Handel sein können. Allerdings ist Kopal nicht so widerstandsfähig wie Bernstein.

Des weiteren sind eine Menge Bernsteinimitationen im Handel. Hierbei handelt es sich um Plastikprodukte. „Plastik" ist ein umgangssprachliches Wort, gemeint sind die Kunstharze und Kunststoffe, die hauptsächlich aus makromolekularen organischen Verbindungen bestehen. Sie entstehen durch Umwandlung von Naturstoffen oder sind synthetischen Ursprungs, und sie sind unter bestimmten Bedingungen plastisch formbar.

Die Bernsteinimitationen bestehen meistens aus zwei Gruppen von Kunststoffen, den Thermoplasten und den Duroplasten. Unter dem Gruppennamen der Thermoplaste sind Stoffe wie Celluloid, Plexiglas und Polystyrol zusammengefaßt. Zu den marktgängigen Bernsteinimitationen der Duroplaste gehören unter anderem Bakelit, Bernit oder Bernat und Casein mit den Handelsnamen wie z. B. Galalith, Polybern, Lactoid usw.

Im Vergleich mit diesen behandelten und künstlichen Stoffen hat der Naturbernstein aber ein besonders vielfältiges Farbspektrum. Es reicht von weiß bis schwarz, von hellgelb über rötlich bis dunkelbraun. Selbst blaugrün schimmernde Qualitäten sind bekannt, und diese seltenen Naturbernsteine sind sehr kostbar. Ob ein Bernsteinstück klar oder trübe ist, hängt von der Menge der mikroskopisch kleinen Luftblasen in der erstarrten Harzmasse ab. Flumiger Naturbernstein entstand zwischen Baumrinde und Kernholz oder in inneren Hohlräumen des Baums. Die durchsichtigen Stücke sind durch Sonneneinstrahlung natürlich geklärt. Manchmal liegen die klaren und die trüben Zonen eines Naturbernsteins dicht nebeneinander und erscheinen optisch besonders interessant, da der Klärungsprozeß nur teilweise stattfand.

*Auch im Kopal sind Inklusen enthalten. Vor etwa 500 Jahren wurde diese zweiflügelige Schnepfenfliege vom Harz konserviert. Kopal ist ein jüngeres erstarrtes Harz, das in Afrika und Neusee-land in großen Mengen gefunden wird. Es eignet sich für die Herstellung hochwertiger Lacke.*

# Echt oder unecht: Prüfmethoden für Laien

Für versierte Bernsteinexperten der Geologie und Paläontologie ist es nicht besonders schwer, Naturbernstein von der Imitation, dem behandelten Bernstein und den Kopalen zu trennen. Die Überprüfung mittels spezieller optischer Instrumente läßt ein eindeutiges Urteil zu.

Auch für den Laien gibt es einige Möglichkeiten, einen Strandfund zu testen oder Kunststoffprodukte vom Bernstein zu unterscheiden. Dabei sind die speziellen Eigenschaften des Bernsteins wie sein leichtes spezifisches Gewicht, seine chemische Zusammensetzung bzw. die chemische Reaktion auf andere Stoffe äußerst hilfreich.

Eine sehr einfache Echtheitsprüfung hat sich besonders für den ersten Test vor Ort bewährt. Mittels Zahnklangprobe läßt sich zum Beispiel auf einer Strandwanderung feststellen, ob eine Verwechslung mit einem bräunlichen Stein oder einem Glasstück vorliegt. Anleitung: mit dem Fundstück vorsichtig gegen die Schneidezähne klopfen. Bernstein hat einen typischen dumpfen Klang gegenüber Stein und Glas, die eher harte und helle Töne erzeugen. Zur vergleichenden Überprüfung des Klangs mit einem beliebigen Stein oder einem Stück Glas die Probe wiederholen. Unterscheiden sich die Klänge deutlich, ist vielleicht das fragliche Stück ein Bernstein.

Wenn dieser erste schnelle Test vielversprechend war, gibt es eine weitere Möglichkeit, das Ergebnis zu überprüfen. Bernstein ist spezifisch leichter als gesättigte Kochsalzlösung und schwimmt in dieser an der Oberfläche.

Anleitung: ein Gefäß mit einer beliebigen Menge warmem Wasser füllen. Nun so lange Speisesalz oder Kochsalz dazugeben und verrühren, bis kein Salz mehr auflösbar ist, und es am Boden liegenbleibt. Ist das Fundstück ein Bernstein, schwimmt dieser an der Oberfläche der Lösung, Steine und andere Materialien sinken schnell zu Boden.

Aber auch Wachs und leichte Kunststoffe sind spezifisch leichter als Kochsalzlösung und schwimmen darin. Auch hier hilft eine typische Eigenart des Bernsteins bei der Unterscheidung: Bernsteinrauch riecht aromatisch nach Harz.

Anleitung: Um nicht die häufig kleineren Funde völlig zu verbrennen, erhitzt man eine Nadel, bis diese glüht. Sobald die heiße Spitze mit dem Bernstein in Berührung kommt, steigt Rauch auf. Der Geruch des Rauchs ist charakteristisch. Kunststoffe und Wachse riechen unangenehm nach Plastik, Kopale riechen eher nach Arzneimitteln. Diesen Test kann man auch an versteckten Stellen eines Schmuckstücks durchführen. Auch Kopale und andere Naturharze sind mittels eines einfachen Verfahrens zu unterscheiden. Allerdings ist hierfür eine kleine Menge Äther aus der Apotheke nötig.

Anleitung: Äther auf ein Wattebäuschchen tropfen und auf das zu prüfende Material legen. Die Oberfläche von Kopalen und anderen Harzen ist innerhalb von ein paar Minuten weich, klebrig und schmierig, eine Lackschicht auf diesen Stoffen läßt sich vorher einfach ablösen. Die benetzte Stelle quillt gallertartig auf. Naturbernstein hingegen ist wesentlich widerstandsfähiger. Bei kurzer Einwirkungszeit erfolgt keine Reaktion, auch nach längerer Einwirkungszeit ist nur die Oberfläche angegriffen. Nach zwei Wochen in Äther ist die Oberfläche des Naturbernsteins lediglich angeweicht, der Kern bleibt hart.

Naturbernstein von Echtbernstein (Preßbernstein) zu unterscheiden ist auch für den Laien möglich (siehe vorhergehendes Kapitel). Eine Ätherprobe bringt hier ähnliche Ergebnisse wie bei den Kopalen: Nach dem Betupfen mit Äther erscheint an der Teststelle des Preßbernsteins ein matter schmieriger Fleck. Längeres Einlegen läßt Preßbernstein gummiartig weich werden.

Nicht unerwähnt bleiben soll der Ritztest zur Unterscheidung von Stein und Glas. Bernstein ist ein sehr weiches Material. Seine Härte auf der Härteskala nach Mohs liegt bei 2 bis 2,5, in Ausnahmen bei 3. Stein und Glas sind härter und hinterlassen beim Ritzen eine Furche auf dem Bernstein. Auch mit einer Stecknadel kann man eine Furche in den Bernstein ritzen, Glas und Stein widerstehen der Härte der Nadel.

Mit diesen Test- und Prüfmethoden – in Kombination angewandt – hat der Bernsteinliebhaber die Möglichkeit, zu sicheren Ergebnissen bei der Bestimmung von Naturbernstein zu gelangen. Sie erlauben eine Abgrenzung zu anderen Materialien und zu Imitationen. Sollten weiterhin Zweifel an der Echtheit bestehen, kann man sich vertrauensvoll an einen Gemmologen wenden. Mit seinen optischen Geräten ist der Fachmann der Edelsteinkunde in der Lage, selbst verzwickte Fälle eindeutig zu lösen. Mineralogen und Bernsteinexperten der Paläontologie an den Universitäten können ebenfalls bei der Klärung von Ungewißheiten helfen.

Die elektromagnetische Anziehungskraft des Bernsteins ist nur ein bedingter Indikator zur Identifikation. Durch Reibung entsteht ein negatives elektromagnetisches Feld, das in der Lage ist, Papierschnipsel, leichte Fasern, Haare und Wolle anzuziehen. Eine Unterscheidung zu Kunststoff ist jedoch nicht möglich, denn auch dieser kann sich elektrisch aufladen.

*Gut erhaltene Inklusen von Pflanzen wie dieses im Bernstein konservierte Blatt geben Aufschluß über die Flora vergangener Erdzeitalter. Etwa 200 verschiedene Pflanzenarten hat man im Baltischen Bernstein gefunden. Fundstücke mit markanten und ungewöhnlichen Einschlüssen werden außerdem gerne von Goldschmieden und Künstlern zu interessanten Schmuckunikaten verarbeitet.*

# Bernsteinschleifen – ein neues Hobby

Bernstein ist ohne großen maschinellen Aufwand zu bearbeiten, das haben schon die Bernsteinschleifer in der Steinzeit bewiesen. Es ist kinderleicht, mit wenigen Werkzeugen einen unbearbeiteten Rohbernstein in einen glänzenden Handschmeichler zu verwandeln. Das Werkzeug: Schleifpapier der Körnungen 80, 120, 220 oder 240, 400, 600, 800 und 1000. Für die Entfernung der Verwitterungskruste ist eine Nadelfeile mit dem Hieb 1 oder 2 sehr nützlich. Auch zum Polieren kommen einfachste Mittel zum Einsatz: circa 50 Gramm Schlämmkreide (gibt's in guten Einzelhandelsdrogerien oder in der Apotheke), Brennspiritus, Fensterleder oder Leinenlappen. In der Eisenzeit wurden mit einem glühenden Eisenstäbchen Löcher durch den Bernstein „gebohrt", heute benutzt man eine kleine Bohrmaschine und Spiralbohrer mit einem Durchmesser von höchstens einem Millimeter.

Bernstein läßt sich gut sägen, große Rohstücke können so geteilt werden. Eine einfache Laubsäge und mittelstarke Laubsägeblätter für Holz oder Kunststoff leisten beste Dienste.

Anleitung: Als erstes die Verwitterungskruste mit Hilfe der Nadelfeile oder mit grobem Schleifpapier der Körnung 80 bis 120 entfernen. Anschließend den Schliff aufbauen. Dabei stufenweise von der groben Körnung 80 bis zur feinsten Körnung 1000 oder 1200 die Schleifpapiere kreisend über den Bernstein bewegen. Dieser Arbeitsgang braucht etwas Geduld, denn bevor die nächste feinere Körnung zum Schleifeinsatz benutzt werden kann, müssen möglichst alle gröberen Schleifspuren des vorigen Schleifpapiers plangeschliffen sein. Die polierte Oberfläche ist dann entsprechend glatt und ohne Rillen. Das Schleifen ist eine staubige Angelegenheit, mit feuchtem Naßschleifpapier kann man den Flug des feinen Staubs aber verhindern.

Die Politur ist der letzte Arbeitsgang beim Schleifen. Dazu das Ledertuch oder den Baumwollappen mit Spiritus anfeuchten, etwas Schlämmkreide darauf verteilen und mit kreisenden Bewegungen den Bernstein polieren. Anschließend unter fließendem Wasser die Kreidereste auswaschen. Wie beschrieben, lassen sich auch stumpfe Bernsteinperlen mit neuem Glanz versehen.

Eine gute Politur kann man mit Zahnpasta erzielen, ihre Schleifkörper bestehen auch aus Schlämmkreide. Wolltücher sind zum Polieren unbrauchbar, weil durch Reiben die elektromagnetische Anziehungskraft verstärkt wird und deshalb die Oberfläche ständig mit vielen kleinen Wollfasern bedeckt ist.

Die beschriebenen Arbeitsgänge sind natürlich auch maschinell durchführbar. Neben der Zeitersparnis gehören aber einige Erfahrung und Fingerspitzengefühl dazu, um ein Rohstück nicht binnen kurzer Zeit in Bernsteinstaub zu verwandeln. Daneben besteht die Gefahr des Überhitzens der Oberfläche des Bernsteins. Das fossile Harz wird klebrig und setzt sich auf der Schleif- oder Polierscheiben ab, die so schnell unbrauchbar werden. Auch die Oberfläche des Bernstein ist dann neu zu bearbeiten.

Auch beim Bohren ist Vorsicht geboten. Bernstein ist sehr druckempfindlich. Deshalb den Bohrer nicht verkanten oder mit starkem Druck durch den Bernstein treiben, die Gefahr des Platzens ist nicht hoch genug einzuschätzen. Ist das Malheur aber doch einmal passiert, kann man die Stücke mit handelsüblichen Sekundenklebern problemlos wieder zusammenfügen.

# Literatur

Andrée, K.: Der Bernstein und seine Bedeutung in
Natur und Kunstgewerbe, Industrie und Handel. Gräfe
& Unzer, Königsberg 1937

Barfod, J. u. a.: Bernstein. Schätze in Niedersachsen.
Knorr & Hirth, Seelze 1989

Bismark, R. v.: Bernstein – Das Gold des Nordens.
Wachholtz, Neumünster 1972

Dahlerup, V.: Ordbog over det danske sprog, Band 7.
Gyldendalske boghandel – Nordisk forlag, Kopenhagen
1937

Doelter, C. und Leitmeier, H. (Hrsg.): Handbuch der
Mineralchemie, Band 4, III. Teil; Schmid, L.: Bernstein.
S. 842–981, Steinkopff, Dresden/Leipzig 1931

Falk, A. S. und Torp, A.: Norwegisch-dänisches etymologisches Wörterbuch, Teil II. Winter's Universitäts-
buchhandlung, Heidelberg 1911

Günther, B.: Bernstein ein faszinierendes Material. Zeitschrift Gold und Silber, Akademie, o. Nr., o. J.

Hilgemann, W., Kinder, H.: dtv-Atlas zur Weltgeschich-
te, Band 1. dtv, München 1979

Hillmer, G., Weitschat, W.: Führer durch die Schau-
sammlung Geologisch-paläontologisches Institut und
Museum der Uni Hamburg, Christians 1983

Holschuh, J.: Bernstein. Ausstellungskatalog; Hrsg.:
Deutsches Elfenbeinmuseum Erbach/Odenwald, 1983

Kaunhowen, F.: Der Bernstein in Ostpreußen. Fest-
schrift zum 12. allg. dt. Bergmannstag in Breslau,
1913; Jahrbuch der (königlich) Preußischen geologischen Landesanstalt und Bergmannsakademie, Berlin
1913, 34, 2, S. 1–80

Klebs, R.: Der Bernsteinschmuck der Steinzeit. Beiträge
zur Naturkunde Preußens, Band 5; Hrsg.: Physikalisch-
ökonomische Gesellschaft zu Königsberg, Königsberg
1882

Kosmowska-Ceranowicz, B.: Spuren des Bernsteins.
Ausstellungskatalog des Museums der Erde, Warschau
1991/92, Polnische Akademie der Wissenschaften;

Hrsg.: Naturkundemuseum der Stadt Bielefeld

Krumbiegel, B. und G.: Bernstein – fossile Harze aus aller Welt. Fossilien Sonderband 7, Goldschneck 1994

Krzeminski, E. und W.: Les fantomes de l' ambre. Musee d'histoire naturelle de Neuchatel, Schweiz, Neuchatel 1992

Ludwig, G.: Sonnensteine – eine Geschichte des Bernsteins. Die Wirtschaft, Berlin 1984

Meineke, E.: Bernstein im Althochdeutschen. Studien zum Althochdeutschen, Band 6; Hrsg.: Kommission für das Althochdeutsche Wörterbuch der Akademie der Wissenschaften in Göttingen, Vandenhoek & Ruprecht, Göttingen 1984

Pelka, O.: Bernstein. Schmidt & Co., Berlin 1920

Plinius Secundus: Bernstein. Naturalis Historia. Band 37

Reineking v. Bock, G.: Das Gold der Ostsee. Callwey, München 1981

Reinike, R.: Bernstein – Gold des Meeres. Hinstorff, Rostock 1986

Renken, F.: Der Handel der Königsberger Großschäfferei des Deutschen Ordens mit Flandern um 1400. Hrsg.: Schäfer, D., Abhandlungen zur Handels- und Seegeschichte, Band 5; Böhlaus Nachfolger, Weimar 1937

Schlee, D. u. a.: Bernstein-Neuigkeiten. Stuttgarter Beiträge zur Naturkunde, Serie C, Heft 18, Stuttgart 1984

Schlee, D.: Der Bernsteinwald. Staatl. Museum für Naturkunde, Stuttgart 1986

Schlee, D.: Das Bernstein-Kabinett. Stuttgarter Beiträge zur Naturkunde, Serie C, Heft 28, Stuttgart 1990

Schmid, L.: Geschichte und Technik des Bernsteins. Deutsches Museum, Heft 3, VDI, Berlin 1941

Schulz, Werner: Die natürliche Verbreitung des Ostseebernsteins und das Bernsteinvorkommen von Stubbenfelde, Usedom. Zeitschrift f. angewandte Geologie, Heft 12, 1960, S. 610–616

Splieth, W.: Die Bernsteingewinnung an der Schleswig-Holsteinischen Küste. Mitteilungen des Antropologischen Vereins in Schleswig-Holstein, Kiel, 1900, 12/13, S. 15–28

Stieda, W.: Lübische Bernsteindreher oder Paternostermacher. Mitteilungen des Vereins für lübeckische Geschichte und Altertumskunde, 1886

Sturms, E.: Der ostbaltische Bernsteinhandel in der vorchristlichen Zeit. Commentationes balticae, Bonn, 1, 1953, S. 167–205

Sturms, E.: Der Bernsteinschmuck der östlichen Amphorenkultur. Documenta archaeologica, 5 (La-Baume-Zeitschrift), 1956, S. 13–20

Tesdorpf, W.: Gewinnung, Verarbeitung und Handel des Bernsteins in Preußen von der Ordenszeit bis zur Gegenwart. Staatswissenschaftliche Studien. 1, 6, Jena 1887

Verres, R.: Der Elfenbein- und Bernsteinschnitzer Christian Maucher. Pantheon, 21, 1933, S. 244 ff.

Vries de, J.: Altnordisches etymologisches Wörterbuch. Brill, Leiden (Niederlande) 1961

Waldmann, F.: Der Bernstein im Altertum. Unveränderter Nachdruck, Saendig Reprint, Walluf 1973, Fellin 1883, Estland

Wandter, R.: Schrecken aus dem Bernsteintropfen. FAZ, Nr. 203, 1993, S. 34

Warncke, J.: Bernsteinkunst und Paternostermaker in Lübeck. Nordelbingen, 10, 1934, S. 428–464

Weiterer, R.: Das legendäre Bernsteinzimmer wird rekonstruiert. Hildesheimer Allgemeine Zeitung v. 22.2.92, S. 37

Weitschat, W.: Leben im Bernstein. Geologisch-paläontologisches Institut der Uni Hamburg für Naturwissenschaftliches Museum Osnabrück, ohne Jahresangabe

Wermusch, G.: Die Bernsteinzimmer-Saga. Links, Berlin 1991

Wetzel, W.: Abschließende Bemerkungen zu Studien am

miozänen Bernstein des Westens der schleswig-holstei-
nischen-jütischen Halbinsel. Schriften des Naturwissenschaftlichen Vereins für Schleswig-Holstein, Kiel 1975,
45, S. 31–32
Wilckens, L. v.: Der neuerworbene Bernsteinschrank
(Germanisches Nationalmuseum Nürnberg). Welt-
kunst, Heft 4, S. 247–278
Wolters, J.: Der Gold- und Silberschmied, Band 1.
Rühle-Diebener, Stuttgart 1981

Bildnachweis:

# Edition Ellert & Richter

**Blumen und Sträuße**
**Fotografiert von Marion Nickig**
128 S. mit 54 Farbfotografien
Die brillanten Farbaufnahmen von
Marion Nickig stellen die Vielfalt der
jahreszeitlich komponierten Sträuße
und die Pracht der Blumen dar. Jedem
Foto sind ausgesuchte Texte zugeord-
net. Aus dem Wechselspiel von Bild
und Text wird so ein blühender, aber
nicht welkender Blumengruß.

**Bäume**
**Sinnbilder des Lebens**
128 S. mit 58 Farbfotografien
Dieses Buch bietet eine Auswahl von
Gedichten und Prosa aus der Weltlite-
ratur und zeigt die Faszination, die
Bäume von jeher auf die Menschen
ausüben. Hervorragende Fotografien
von Andreas Riedmiller und Heinz
Teufel begleiten und unterstreichen die
Texte.

**Köstliche Blüten**
**Rezepte aus dem Kräuter- und Blu-
mengarten**
**Marion Nickig (Fotos) / Heide Rau
(Text)**
160 S. mit 48 Farbfotografien
Aroma und Duft der eßbaren Blüten
werden heute in der Gourmetküche
wiederentdeckt. Unkomplizierte
Rezepte zeigen die Möglichkeiten, die
vergessenen Delikatessen auch für
unsere gesunde Alltagsküche zu ver-
wenden. Die exquisiten Aufnahmen
von Marion Nickig bieten schon
optisch einen Hochgenuß.

**Zauber der Düfte**
**Gisela Caspersen (Fotos), Cornelia Putzbach (Text)**
144 S. mit 63 Farbabbildungen
Die Düfte der Kindheit, die Liaison von Geruchs- und Geschmackssinn – sie wecken Assoziationen für Sinne und Gefühle. Der Zauber schöner Düfte läßt niemanden unberührt. Cornelia Putzbach schreibt Geschichten rund um den Duft, den Gisela Caspersen mit ihren Fotos einfangen will.

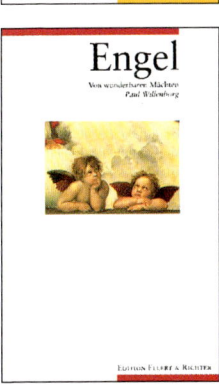

**Engel**
**Von wunderbaren Mächten**
**Paul Willenborg**
112 S. mit 43 Farbabbildungen
Engel – gibt's die? Fast alle Menschen, auch wenn sie nicht an die Geisterwesen glauben, haben eine genaue Vorstellung von deren Aussehen. Paul Willenborg gibt eine fundierte Einführung in die „Engelskunde", die durch Abbildungen von Engelsgestalten in Kunst und Kitsch ergänzt wird.

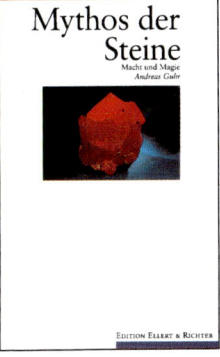

**Mythos der Steine**
**Macht und Magie**
**Andreas Guhr**
176 S. mit 38 Farb- und 7 S/W-Abbildungen
Edelsteine begleiten die Geschichte der Menschheit. Der Band gibt einen Einblick in ihre Verwendung als Amulette und Talismane sowie in die astrologische Zuordnung der Steine. Der sachkundige Text von Andreas Guhr wird ergänzt durch eine Erklärung der mineralogischen Grundbegriffe und einen umfangreichen lexikalischen Anhang.

# Autor / Impressum

**Jens Grzonkowski,** geb. 1960 in Itzehoe/Holstein, studierte Modedesign und Metallgestaltung in Hamburg und Hildesheim. Er lebt in Lüneburg und ist als freier Designer tätig. Hauptsächlich entwirft er Schmuck, Gerät und Gefäß. Im Rahmen der Erwachsenenbildung unterrichtet er an verschiedenen Institutionen experimentelle Gestaltung.

Die Deutsche Bibliothek – CIP-Einheitsaufnahme
**Bernstein** / Jens Grzonkowski.- Hamburg : Ellert und Richter, 1996
    (Edition Ellert & Richter)
    ISBN 3-89234-633-X
NE: Grzonkowski, Jens

© Ellert & Richter Verlag GmbH, Hamburg 1996

Text: Jens Grzonkowski, Lüneburg
Lektorat: Kerstin Schmidt, Hamburg
Bildredaktion: Anke Balshüsemann, Hamburg
Gestaltung: nach Entwürfen von Hartmut Brückner, Bremen
Lithographie: Lithographische Werkstätten Kiel, Kiel
Satz: KCS GmbH, Buchholz/Hamburg
Druck: aprinta GmbH, Wemding
Bindung: S. R. Büge, Celle